Erwin Heretsch

Gegen den Strom

Erwin Heretsch

Gegen den Strom

Notizen eines DDR-Christen

Die Deutsche Bibliothek – CIP-Einheitsaufnahme

Heretsch, Erwin: Gegen den Strom :
Notizen eines DDR-Christen / Erwin Heretsch.
Leipzig : Benno-Verl., 1998
ISBN 3-7462-1265-0

ISBN 3-7462-1265-0

© St. Benno Buch- und Zeitschriftenverlagsgesellschaft mbH
Leipzig 1998
Satz: Kontext – Satz & Layout, Lemsel
Herstellung: Tiskárny Vimperk
2. Auflage 1999

Inhalt

Vorwort

Wenn ich heute meine Enkel nach der DDR frage, in der sie alle noch zur Welt kamen, dann antworten sie mir meist mit verlegener Hilf- und Ahnungslosigkeit. Für sie sind die Ereignisse der letzten fünfzig Jahre in den Bereich der Sagen und Märchen gerückt, von den harten Rhythmen moderner Technomusik zerstampft und den grellen Farbtönen aufdringlicher Reklame längst erstickt. Kann man es ihnen zum Vorwurf machen?

Durch Schaden wird man klug. So reagiere ich meist eher zurückhaltend, wenn Jugendliche oder Erwachsene mich auffordern, „von damals" zu erzählen. Die einen fühlen sich sofort ertappt und verteidigen „die gute alte Zeit" mit versteckter oder auch offener Aggressivität; andere halten sich gewissermaßen die Ohren zu und stellen ihre uninteressiert gelangweilte Maske zur Schau. Nur die Gruppe der Betroffenen stimmt kopfnickend zu und ermutigt mich: „Das solltest du unbedingt alles aufschreiben!"

Seit 1965 versuchte ich immer wieder, im Hausbuch „Jahr des Herrn" etwas davon festzuhalten. Heute kann ich es mit dem ergänzen, was in all den Jahren auszusprechen unmöglich oder zumindest höchst gefährlich war. Möge es vor dem Grab des Vergessens bewahrt bleiben!

Der Verfasser, 1998

Unser „Papa Grünig"

Was tut eine zur Faschingsfeier versammelte Gemeinde, wenn ihr Pfarrer, den sie gern hat, im Urlaub ist und nicht kommen kann? In L. wußte man Rat. Hoch auf einer „Sedia gestatoria" trugen die Kapläne des Pfarrers „Wappen-" und „Gebrauchstier" herein, umjubelt von der begeisterten Gemeinde – sein Fahrrad, das er auch im Zeitalter des Autos noch benutzte …

Als ich davon hörte, kam mir in den Sinn, daß wir für unseren alten Pfarrer das gleiche unverkennbare Zeichen hätten „inthronisieren" können. Wir nannten sein Fahrrad immer das „hochwürdige".

Für heutige Verhältnisse, selbst in der Diaspora, klingt es recht unwahrscheinlich, wenn man erzählt, daß zu des alten Hirten Seelsorgestelle damals 71 Dörfer und 3 Städte gehörten, die er mit einer einzigen Hilfe betreute – mit seinem Stahlroß. Er hatte es sich bald abgewöhnt, sein Rößlein lieblos außerhalb der Gottesdienst- oder Unterrichtsräume anzubinden, nachdem einmal die Lampe gestohlen, die Pedale abmontiert, später die Reifen zerschnitten waren und sich schließlich sogar ein neuer Besitzer gefunden hatte. Meist lehnte es an der Altarrückwand oder neben dem Unterrichtspult, und es hätte sicher die Gemeinde in Erstaunen gesetzt, wenn unser guter Pfarrer einmal ohne Eselchen seinen Einzug in das Gotteshaus gehalten hätte. Das gehörte zu unserer Vormesse. Einmal drehte er sich noch zu uns um und sagte: „Wir wollen nach der heiligen Messe ein Te Deum singen, denn wir haben heute ein Jubiläum: Es war die 125. Panne. Und bis jetzt ist deswegen noch kein Gottesdienst ausgefallen, denn sie passierten meist auf dem Rückweg." Jeden Sonn- und Feiertag zelebrierte er an drei verschiedenen Orten, so daß er sommers und winters bergauf, bergab bis zu 75 km zurücklegte. Oft mußte er bei hohem Schnee sein Vehikel tragen.

Die Leute in den Dörfern konnten sich oft keinen Reim darauf machen, was dieses kleine rundliche Männlein mit dem großen Rucksack, aus dem ein noch größerer Karton herausschaute, in aller Herrgottsfrühe schon auf dem Lande wolle. „Seht nur, der katholische Pastor fährt schon wieder hamstern!" war ihre einzige Erklärung. Und wie erstaunt waren sie, wenn sie auf den Waldwegen oder hinter ihren Getreidefeldern eine seltsame Musik aufhorchen ließ. Er beherrschte nämlich die seltene Kunst, zweistimmig zu pfeifen. Mit diesem kleinsten Orchester der Welt ließ er auf allen Seelsorgewegen das Gotteslob erklingen.

Welche körperlichen und geistigen Energien dieser gute Hirte allein an den Sonntagen aufbringen mußte, ahnten nur wenige Vertraute. Oft kam er erst am Abend das erstemal zum Essen.

In der Sakristei der letzten Station mußte er sich manchmal den aufgesparten Ärger des ganzen Tages von der Seele reden. Das wurde der guten Frau, die dort Altar und Orgel versorgte, eines Tages zuviel.

„Heute sag' ich's ihm aber!" nahm sie sich vor; und mit allem aufgesparten Mute fiel sie ihm ins Wort: „Ich kann das nicht mehr hören, Herr Pfarrer! Ich bin doch nicht Ihr Prellbock!" Sofort verstummte er, schaute sie einen Augenblick fast erschrocken an und erwiderte dann seelenruhig: „Nein, da haben Sie recht, mein Prellbock sind Sie nicht – aber meine Prellziege."

Meist hatten wir als geographisch mittlere Station unseren Gottesdienst sonntags 14 Uhr. „Ich habe gleich leiser gepredigt, als ich merkte, daß du eingeschlafen warst", beteuerte er nach der Messe unserer Sigi, einer jungen überarbeiteten Lehrerin. Als sie einen roten Kopf bekam, fügte er schmunzelnd hinzu: „Ich hätte ja auch lieber geschlafen."

10

Als Sigi Hochzeit hatte, kam er nach der letzten Außenstation noch hin. Mit großem Jubelgeschrei wurde er empfangen, als er mit seiner Pelzmütze und dem gewaltigen Meßkoffer-Rucksack hereinstapfte. „Und jetzt müssen Sie sich erst mal stärken", bestimmte der Bräutigam. „Kinder, ich habe ja eben erst Abendbrot gegessen; ich kann ja nicht mehr." Aber da kam er nicht an. Es war ja genug da. Also wurde ihm eine riesige Platte vor die Nase gesetzt, hoch gehäuft mit bunt belegten Brötchen, eine große Teekanne dazu. Das fröhliche Hochzeitstreiben nahm seinen Fortgang, und als wir uns darauf besannen, daß wir unseren Pfarrer am Seitentisch ganz vernachlässigt hatten, stellten wir fest, daß die Platte leer war.

Aber dafür mußte er nun zahlen: Wir ließen ihm keine Ruhe, bis er zur Freude aller einige Lieder zweistimmig gepfiffen hatte. Dann lehnte er sich gemütlich zurecht, faltete seine Hände über dem immer noch recht stattlichen Globus und begann zu erzählen: „Es hat großartig geschmeckt, aber eigentlich sollten wir die Vater-unser-Bitte doch ernster nehmen." – Nun kam eine seiner berühmten Pausen, die immer ankündigten, daß jetzt noch allerhand zu erwarten war. „Das ist nämlich wörtlich gemeint: ‚Unser täglich Brot …'! Wir können uns tatsächlich von reinem Brot allein ernähren, denn es enthält alles, was der menschliche Körper braucht. Natürlich muß es richtiges Brot sein. Zu Hause in Schlesien hatte ich meine eigene Schrotmühle im Keller, da kam das Korn hundertprozentig in das Brot. Davon hatte ich auch meine Bärenkräfte." (Im Flur seines Pfarrhauses hingen die Wände voller Gewichte, Hanteln und Expander aller Größen. Mit einem Finger hob er …, mit zwei Fingern …, mit der linken Hand streckte er … kg … Obwohl ich es oft gehört habe, konnte ich mir diese gewaltigen Zahlen nie merken.)

Pfarrer
„Papa Grünig"

Aber was unser „Papa Grünig" (wie wir ihn unter uns nannten) nie erzählte, plauderte einmal ein ehemaliger Nachbar aus, und sicher würde er jetzt auch dazu schmunzeln, wenn ich es weitersage: Im Amtsblatt war eine Pfarrei im Gebirge ausgeschrieben worden. Unser Pfarrer, des Dorfes ein wenig überdrüssig, bewarb sich beim Erzbischöflichen Ordinariat um diese Stelle. Er glaube, so schrieb er, für die sicher sehr beschwerliche Seelsorge in den Bergen besonders geeignet zu sein, weil er mit einem Finger soundso viel, mit zwei Fingern soundso viel, mit der linken Hand soundso viel, mit der rechten Hand soundso viel und mit beiden Händen soundso viel reißen und soundso viel stoßen könne.

Als die Bewerbung zurückkam, hatte Kardinal Bertram daruntergeschrieben „Der Athlet bleibt in Marienau!"

Und er war doch nicht dort geblieben, denn auch Kardinäle sind nicht immer zugleich Propheten. Jetzt hatte er gleich drei Städte in seiner „Pfarrei" – aber nicht einmal eine Kirche.

Oh, wie er von seiner Heimatkirche schwärmte! Eine solche Vergoldung wie der Hochaltar besitze nur noch der Petersdom, behauptete er immer. Als der Vergolder kam, guckte er ihm so lange zu, bis er es auch konnte, und als sich niemand auf den Kirchturmkopf hinaufwagte, übernahm er es selbst. Bei günstigem Wetter kletterte er bis zur Spitze, zwängte sich aus der obersten Turmluke hinaus, band sich fest und bearbeitete die Kugeln, bis sie in dem bekannten Goldglanze über das weite Land strahlten. Das Dorf beobachtete teils ängstlich, teils mißtrauisch dieses Unternehmen. Es ging auch alles gut, bis auf den Rückweg. War er mit Hilfe seiner gestemmten Füße durch die enge Luke herausgekrochen, so wollte und wollte es nicht mehr gelingen, durch dasselbe Loch hineinzuschlüpfen. Man mußte schließlich die Feuerwehr alarmieren, der dann das Rettungswerk auf dem Außenwege gelang. Das aber rief die klugen Bauexperten auf den Plan. Sie erkannten sofort, in welcher Gefahr ihre Kirchturmspitze, ja ihr Kirchturm, wenn nicht gar das ganze Gotteshaus geschwebt hatte, als des Pfarrers zwei Zentner dort oben dranhingen! Und sie machten ihm große Vorwürfe – wegen der Turmspitze!

„Ja, wißt ihr", plauderte er weiter, „mit meinem Körpergewicht hatte ich immer meine Sorgen. Seitdem die zwei Zentner überschritten waren, konnte ich ja am Reck nicht einmal mehr die Riesenwelle. Deshalb fuhr ich im Urlaub in die Berge. Ich mußte abnehmen! Täglich kletterte ich in aller Herrgottsfrühe auf den höchsten Gipfel und zelebrierte dort in der Kapelle. Es war unbeschreiblich schön! Und am Ende der Ferien hatte ich dann tatsächlich zwanzig Pfund – zugenommen."

Ein einziges Mal hatte unser „Papa Grünig" beinahe eine Beerdigung vergessen. Die Glocken läuteten schon. Schnell rannte der Küster ins Pfarrhaus. Da stand der Pfarrer mit Sackschürze, Kittel, altem Hut und breiter Bürste im Stalle und weißte die Wände.

„Hochwürden, die Beerdigung ...", stieß der gute Mann atemlos hervor. „Um Himmelswillen! – Wie konnte ich das vergessen?" Schon stand der Trauerzug vor der Kirche. Der Pfarrer warf schnell seine Arbeitssachen hin und machte sich fertig. Am Grabe brach dann wieder einmal sein Temperament durch, und mit Donnerstimme verkündete er den Trauernden Trost und Hoffnung der Auferstehung.

Bei den Ministranten schien der Trost zuerst angekommen zu sein. Sie zeigten plötzlich so fröhliche Mienen, schienen dann aber doch an Zuckungen der Gesichtsmuskeln zu leiden. Langsam breitete sich über die ganze Gemeinde ein innerer Kampf zwischen Trauer und Freude aus. Offensichtlich aber siegte die Freude, denn die Schluchzer wurden abgelöst von nicht mehr zu unterdrückendem Lachen. Der Pfarrer erfuhr erst auf dem Heimweg die Ursache solcher Grabesfreude: Bei seiner Predigt war unter seiner Soutane – o verhängnisvolle Folge der Eile! – langsam, aber mit deutlich sichtbarem Fortschritt, die bekleckste Sackschürze hervorgerutscht. Und wer es nicht gleich bemerkte, wurde schmunzelnd auf dieses Ereignis aufmerksam gemacht.

Wenn Zauberkünstler, Schlangenbeschwörer oder irgendwelche Gaukler ins Dorf kamen, besuchten sie selbstverständlich nach dem Bürgermeister und Hauptlehrer auch den Pfarrer, brachten Freikarten mit und baten untertänigst, „der Herr Hochwürden megen doch gietigst erlauben, daß an der Pfarrmauer ein Plakat ... Und vielleicht wär's meeglich, daß der Herr Hochwürden im Gespräch mit den Leuten ... Man mecht ja schließlich auch leben!"

Eines Tages hatte „der stärkste Mann der Welt" sein Zelt auf- und seine vielversprechenden Plakate angeschlagen. In der ersten Reihe saß „der Herr Hochwürden".

Man hatte ja schon allerhand erlebt, aber so etwas noch nicht. Mit offenen Mäulern starrte das „hochverehrte Publikum" auf das Unglaubliche ... Der „stärkste Mann der Welt" hatte den Steinklopfer des Dorfes, an dessen handwerklicher Tüchtigkeit kein Mensch zweifelte, in die Arena gebeten. Dieser redliche Mann mußte nun vor aller Augen zwei Berge mit gleichmäßig abgezählten Granitpflastersteinen aufhäufen. Danach gab der andere das Kommando, und beide begannen um die Wette, die Steine ihres Haufens zu spalten, der Steinklopfer mit seinem Hammer, der Artist – mit seiner Handkante.

Und siehe da, während der Hammer immer noch einen Teil der Arbeit vor sich hatte, war der Unglaubliche längst fertig und verneigte sich nach allen Seiten in den rauschenden Beifall hinein.

Am nächsten Tag machte der höfliche Mann seinen Abschiedsbesuch und dankte dem Pfarrherrn aufrichtig für seine wirksame Reklame. „Nun sagen Sie bloß mal, wie machen Sie denn das eigentlich? Ich komme nicht drüber weg", gestand der Pfarrer seine Verwunderung. Da entdeckte der Held des Tages die ungewöhnliche Dekoration des Flures, musterte den Hausherrn von oben bis unten, befühlte plötzlich ungeniert dessen rechten Oberarm und erklärte mit der ganzen Siegesgewißheit seiner Kunst: „Hochwürden, das kenn´ Sie auch!" Schon waren ein paar Pflastersteine zusammengetragen. „Ä fester Untergrund is scho netig." Und dann zerschlug er auf den Pfarrhausstufen einen als Demonstration, daß die beiden Teile nur so hinunterpurzelten. „Und nu sind Se dran!"

Der Pfarrer postierte sich, zielte und schlug zu. Der Stein dachte gar nicht daran zu zerspringen, aber fast wäre der „stärkste Mann der Welt" dabei vor Lachen zerplatzt. „Se ham ja Angst, Hochwürden, Angst ham Se, weiter nischte nich!" Und jetzt gab er dem in seiner Ehre Gekränkten die Anweisung, beim Schlagen zu schreien, da fielen die vorhandenen Hemmungen weg. Tatsächlich! Der Brocken zerfiel in zwei fast gleiche Teile. „Ich hab´ das mal unserem Chefarzt erzählt", schloß der Pfarrer diesen Bericht, „der hat sich meine Hand genau angeguckt und dann erklärt: „Da haben Sie großes Glück gehabt, Herr Pfarrer, daß sie nachher da drinnen nicht Gulasch hatten."

Der Hochzeitsabend näherte sich dem Morgen. Man drängte zum Aufbruch. Aber wenn unser Papa Grünig einmal saß und erzählte, dann saß er auch fest. Wenn aber nun einer glaubt, unser Pfarrer hätte den Morgen verschlafen oder wäre verkatert gewesen, der täuscht sich arg. Ich habe ein einziges Mal, und zwar an einem Montag, erlebt, daß die hl. Messe ausfiel. Da mußte etwas ganz Schreckliches passiert sein! Sofort nach dem Dienst rannte ich in seine Wohnung, die übrigens aus einem einzigen Zimmer bestand. Er lag zerschlagen und zerschunden im Bett. „Um Gottes willen, Herr Pfarrer, was ist denn bloß passiert?" Er lächelte und begann dann nach einer Pause zu berichten:

„Nach der letzten Messe fuhr ich gestern auf das eine Dorf die bekannte steile und kurvige Straße hinunter. Die Handbremse hatten sie mir wieder mal geklaut. Da fällt mir doch auf dem halben Berge die Kette herunter. Was nun? Die Geschwindigkeit nahm immer bedenklicher zu – und da ist's passiert! Vom Fahrrad ist nicht mehr viel übrig geblieben!" – „Aber was ist Ihnen denn passiert?" – „Ach, nichts weiter. Der kleine Finger und ein Zeh scheinen angebrochen zu sein, vielleicht auch eine Rippe."

„Und das blaue Auge?" – „Nu je, das wird zuerst heilen. Übrigens kannst du den Leuten sagen, morgen früh ist wieder Messe." – Und dann zelebrierte er mit seinen zerbrochenen Gliedern. –

Christus, sein Freund, sein ständiger Begleiter, sein Arzt, war es, der ihm seine Urwüchsigkeit und seinen Frohsinn erhielt. Er gab ihm die Kraft, in den erbärmlichsten Situationen durchzuhalten.

Nach einem Versehgang wurde er einmal von einem Motorrad angefahren. Es war am späten Nachmittag. Als man ihn ins Krankenhaus fuhr, ordnete er an, man möge ihn an der Kapelle ausladen. Er würde dann schon noch ins Krankenhaus kommen. Es war der 8. Dezember. Da konnte doch die Abendmesse nicht ausfallen.

Bei der Vermeldung gab er die Beerdigung eines Mannes bekannt, der von einem Motorrad überfahren worden war. „Wir wollen dem Herrgott ganz besonders danken, denn mir wäre es heute beinahe auch so ergangen", meinte er. Mit dem zerschlagenen Arm preßte er das Ziborium an sich und teilte die hl. Kommunion aus. Wir alle empfanden die Schmerzen mit ihm. Aber er hielt durch!

Eines Tages brach er dann doch zusammen. Ein frecher und ungehobelter Jugendlicher hatte ihn vor versammelter Pfarrjugend in übelster Weise angegriffen und der Veruntreuung bezichtigt: Der Pfarrer hätte Westpakete erhalten und alles alleine aufgegessen. Er, der Junge, hätte nichts davon erhalten ...

Diesen Tiefschlag unter die Gürtellinie konnte er nicht mehr verkraften. Nach drei Tagen ordnete der behandelnde Arzt in seiner Hilflosigkeit die Einlieferung ins Dresdner St.-Joseph-Stift an. Dort ging es täglich mit ihm weiter bergab. Bei der ersten sich bietenden Gelegenheit fuhr ich mit dem Zug hin. Um ganz sicher zu sein, stieg ich in

Meißen aus und fragte erst einmal im katholischen Pfarrhaus nach, ob denn neue Nachrichten aus Dresden vorlägen. „Nein, nein, nichts Neues", beschied mir der Herr Erzpriester. „Aber wenn Sie schon einmal da sind: Wo wollt ihr ihn denn beerdigen? In Meißen übernehmen wir die Kosten. Wenn ihr ihn in Nossen begraben wollt, müßt ihr alles selber bezahlen."

In diesem Moment verlor ich fast meine mühsam beherrschte Fassung:

„Erstens gehört ein Pfarrer in seine Gemeinde und zweitens: Herr Pfarrer Grünig lebt ja noch – hoffentlich!"

An der Pforte des Joseph-Stiftes schickte man mich zur Stationsschwester. Diese überlegte, ob sie mich nicht doch lieber zur Umkehr bewegen sollte. Aber der weite Weg, die lange Anfahrt … Schließlich siegte in der guten Ordensfrau das Mitleid mit mir: „Wissen Sie, es geht mit ihm zu Ende. Er nimmt nichts mehr zu sich, spricht nicht, reagiert kaum noch, ist völlig apathisch. – Na gut, gehen Sie hinein, aber nur für höchstens fünf Minuten. Bitte nicht länger!"

Dann öffnete sie mir leise die Tür. Das Bett sah ich, aber keinen Pfarrer. „Vielleicht haben sie ihn doch schon …" Das fast glatte Laken wirkte wie ein Leichentuch. Aber am Ende ragte doch noch eine spitze Nase hervor. Er lag also noch da! Mein Gott, was war von dem Zweizentnermann übriggeblieben!

„Grüß Gott, Herr Pfarrer!"

Keine Reaktion.

„Grüß Gott, Herr Pfarrer! Kennen Sie mich denn nicht mehr? Ich bin doch der Erwin!"

Der zweite Gruß muß wohl recht laut ausgefallen sein, denn plötzlich ging ein leichtes Zucken durch sein Gesicht, und der Kopf drehte sich mühsam mir zu.

Wie spricht man eigentlich mit Sterbenden? Ich konnte keinen fragen, hatte ja auch nur maximal fünf Minuten zur

Verfügung. Mit den Trauernden trauern – mit den Weinenden weinen – mit den Sterbenden sterben? – Ich dachte gar nicht daran. Beschimpft habe ich ihn:

„Was machen Sie eigentlich hier im Krankenhaus? Lassen Ihre Gemeinde im Stich. Täglich fragen die Leute nach Ihnen! Keine heilige Messe mehr, kein Religionsunterricht, keine Beichte – und das seit Wochen! Können Sie das eigentlich verantworten? Sie liegen hier im Bett, und Ihre Gemeinde ist ohne Pfarrer! Was ist mit dem guten Hirten! Sie sind doch kein Mietling, dem an den Schafen nichts liegt. Das sind Sie doch nicht, oder?"

Ich kam so richtig in Fahrt. Immer wieder ging leise die Tür auf. Die Schwestern guckten neugierig und erschrocken hinein, zogen sich aber immer wieder diskret zurück. Keine warf mich hinaus. Warum eigentlich nicht? Die genehmigte Frist war längst überschritten.

Nun holte ich meine schärfste Waffe hervor und zielte mitten in seine Wunde:

„Ich weiß genau, warum Sie hier liegen: Die unverschämte Frechheit dieses Lümmels! Aber, wie kann ein erwachsener, reifer Mann, ein Priester, ein erfahrener Pfarrer, sich von dieser Rotznase beleidigen lassen! Die ganze Gemeinde weiß doch die Wahrheit, weiß genau, was Sie für die Notleidenden tun, ohne darüber ein Wort zu verlieren. Und Sie fallen auf diesen dummen und dämlichen Pinsel herein. Ich bin überzeugt, daß er die ganze Angelegenheit längst vergessen hat. Und wie ich ihn kenne, wird er sie heute mit derselben naiven Dreistigkeit sogar ganz abstreiten: Er hätte so etwas nie gesagt. Aber Sie, ein Priester mit Lebens- und Seelsorgeerfahrung, Sie liegen noch immer hier. Ist das nicht eine Schande?"

Mir war sehr wohl bewußt, daß man Wunden nicht nur aufschneiden darf. Man muß auch Öl und Wein hineingießen. So zog ich eine kleine Flasche italienischen

Weißwein aus der Tasche und stellte sie auf das Nacht-schränkchen. Eine Kostbarkeit damals, die auf abenteuer-liche Weise in meinen Besitz gelangte. Aber das ist eine eigene Geschichte.

„Trinken Sie ihn auf Ihre Gesundheit, Herr Pfarrer!"

Am liebsten hätte ich ihn jetzt um seinen priesterlichen Segen gebeten, wie wir es gewohnt waren, wenn er dazu nicht zu schwach gewesen wäre.

„Wir alle, Ihre ganze Gemeinde erwartet Sie in Kürze in Nossen! Gottes Segen!"

Von den Schwestern unbemerkt, konnte ich entwischen. Aus den genehmigten fünf Minuten war mehr als eine halbe Stunde geworden.

Am nächsten Tag nahm ich all meinen Mut zusammen und rief in Dresden an. Ich war ja weit weg vom Schuß, dachte ich. Was ich aber nun zu hören bekam, darauf war ich überhaupt nicht vorbereitet:

„Was haben Sie nur mit Pfarrer Grünig gemacht? Mehr-mals wollten wir Sie unterbrechen und aus dem Kran-kenzimmer holen. Dann gaben wir auf. Als Sie aber still-schweigend verschwunden waren, schauten wir nach dem Patienten – und erschraken: Er weinte und schluchzte. Fast zwei Stunden ging das so. Wir waren ratlos. Plötz-lich bemerkte er uns und schrie uns an: ‚Warum bekom-me ich denn nichts zu essen?'

Ich denke, Sie werden ihn bald wieder zu Hause haben."

Es waren wohl keine drei Wochen vergangen, da stand die Nossener Gemeinde auf dem Bahnhof, um ihren „Papa Grünig" mit einem großen Blumenstrauß und einem kleinen Ständchen wieder in Empfang zu nehmen. Dann hat er noch einige Jahre seine Herde gütig und segensreich geleitet.

Als Christus seinen guten und getreuen Knecht zu sich ge-rufen hatte, eilten aus dem weiten Lande die Menschen herbei, und der Trauerzug wollte kein Ende nehmen. Die Glocken „seiner", der evangelischen Kirche gaben das Geleit. Christen und Nichtchristen verneigten sich vor unserem Papa Grünig, hatten sie ihn doch alle geliebt.

Seit 400 Jahren ist er der erste Priester, der auf diesem Gottesacker zur letzten Ruhe gebettet wurde, und heut steht auf seinem Grab in Nossen das Bild des Guten Hirten.

Grab von Pfarrer Grünig auf dem Nossener Friedhof

Karl Kapinos, der Kinomann

Wenn ich in meinen Kindheitserinnerungen krame, dann tauchen die gar nicht so häufigen Besuche im Kino unseres Städtchens unter den beeindruckenden Erlebnissen auf. Welch eine faszinierende Welt zog uns dort in ihren Bann und verzauberte uns!

21

Die Spannung entzündete sich bereits beim Anstehen nach den Karten. Meist bildete sich schon eine Stunde vor Beginn eine Schlange, die sich im Treppenhaus bis zur Kasse im ersten Stock hochdrängte. Wie unendlich langsam bewegte sich doch der Menschenstrom vorwärts! Und wenn sich einige Rabauken ihren Spaß daraus machten, durch gezieltes Drängen und Schubsen Abwechslung in den langweiligen Warteprozeß zu bringen, und wenn das Schimpfen und Kreischen der Halberdrückten immer lauter wurde, dann erschien oben der Kinobesitzer. Herr Kapinos, der mir wie ein großer Herrscher, wie ein Zauberer vorkam. Er mahnte zur Ordnung, zur Einsicht, versuchte den Radau der Massen zu übertönen, aber der Erfolg blieb meist nur von kurzer Dauer. Die Spannung stieg ja mit jeder erklommenen Stufe, und es mischte sich die Befürchtung ein: Wenn dieser mächtige Herr über die Wunderwelt des Kinos plötzlich verkündet, die Karten seien ausverkauft!?

Es war das Bewußtsein einer gewonnenen Schlacht, das Gefühl des Sieges, wenn ich die Eintrittskarte stolz der Türkontrolle zum Abreißen hinreichen konnte und meine Platznummer suchte. Mein Blick wurde von dem dicken Vorhang gefangengenommen. Wann werden sich die Lichter verdunkeln und der hinter dem Vorhang versteckten Traumwelt weichen?

Immer wieder verband sich dieses Erlebnis bei mir mit dem Gedanken, den ich niemals gewagt hätte, vor anderen Menschen zu äußern, die Eltern eingeschlossen: Wenn es je in diesem Leben ein erstrebenswertes Ziel geben sollte, dann kann das nur der Beruf eines Kinobesitzers sein. Ich war verbohrt in diese Idee. Dabei, so meine ich, dachte ich weniger an die klingenden Münzen, die Tag für Tag in seine Kasse rollten, als vielmehr an die Gewalt dieses Magiers, unglaubliche Welten und kaum begreifbare Geschehnisse in den Saal hineinzuzaubern. Und wie benei-

*Karl Kapinos,
der Kinomann*

dete ich seine Kinder, die hoch über uns in den samtbezo-
genen Sesseln der Loge thronen durften, ohne Eintritt zu
zahlen und ohne jemals dieses Paradies verlassen zu müssen, wie ich meinte. Es mußte der Himmel auf Erden sein.

Am 20. Januar 1945 besetzte die Rote Armee fast kampf-
los die Stadt Groß-Strehlitz. Die Bevölkerung war größ-
tenteils evakuiert. Frauen und Mädchen hatten sich in
der Krypta unter dem Hochaltar der Pfarrkirche versteckt.
Als die Soldaten hinunterwollten, verstellte ihnen Erzpriester Lange den Weg. Mit einem Bajonettstoß wurde er
zur Seite geräumt. Erst die zweite Welle der Soldaten wich
zurück, als der tote Pfarrer in seinem Blute auf den Altar-
stufen lag. Der Lebende hatte nicht vermocht, was der Tote
konnte. Von mancher Frau fehlt bis heute jede Spur.

Grabstein von Pfarrer
Karl Lange
an seiner Kirche

Die Augenzeugen berichten, daß die kämpfenden Soldaten weiterzogen. Die nachfolgenden Truppen legten
Abend für Abend vorbereitete Brennschläuche in die Trep-
penhäuser der Innenstadt und zündeten sie an. Wer einen
Laden hatte, war ein „Kapitalist" und mußte beseitigt werden. Das polnische Ehepaar Biskup, das ein Textilgeschäft
besaß, schien die Russen als Befreier zu erwarten, sonst
wären sie doch geflüchtet. Sie wurden in nicht zu beschreibender Weise zu Tode gefoltert und dann in die Flammen
ihres Hauses geworfen. Der Bäckermeister Pawellek wurde
mit seiner Frau in seine Backstube eingesperrt. Dann

zündete man das Haus über ihren Köpfen an. Sie hatten noch Werkzeuge zur Verfügung, konnten eine Wand durchbrechen und ihr Leben retten. Rathaus, Ring und Innenstadt versanken in Schutt und Asche. Das Kino auch.

Wer überlebte, wurde in ein neu errichtetes KZ, nach Sibirien oder zur Zwangsarbeit deportiert.

Familie Kapinos war nach Kriegsende in die Heimat zurückgekehrt. Als sie aber die warnenden Zeichen der im „Volksgarten" eingesperrten Frauen wahrnahm, flüchtete sie auf Nimmerwiedersehen aus der Stadt.

Im sächsischen Nossen fand sie zunächst Aufnahme im evangelischen Pfarrhaus. Pfarrer Kohl war dafür bekannt. Später bot sich eine Wohnung an. Es dauerte nicht lange, da besaß Herr Kapinos ein transportables Filmvorführgerät und ein geliehenes Dreiradauto. Der Landfilm war geboren! In fünf Dörfern des Kreises Meißen konnten die Leute nun am Nachmittag oder Abend im Gasthof ins Kino gehen. Im Winter mußte freilich pro Eintrittskarte auch ein Stück Kohle für einen großen eisernen Ofen mitgebracht werden. Das zahlte jeder gern. Es gab keine Radios, kaum Bücher. Wieder standen die Menschen Schlange an der Kinokasse. Der staatliche Filmverleih besaß ja noch die alten UFA-Filme.

Eines Tages wurde Herr Kapinos vom Kulturamt der Sächsischen Landesregierung aufgefordert, seine Geräte „zur technischen Überprüfung" abzuliefern. Bald mußte auch die Vorführgenehmigung zur „Gültigkeitsverlängerung" eingereicht werden. Er werde in Kürze alles wieder abholen können. Er möge nur auf die Nachricht warten. Als diese nicht kam, fragte er höflich an. Eine Antwort erhielt er nicht. So rief er dort an. Ja, es habe sich wegen Krankheit eines Kollegen alles verzögert: „In den nächsten Tagen ..."

Pfarrkirche
St. Laurentius
in Groß-Strehlitz

Schließlich fuhr er selbst nach Dresden. Aber die zuständigen Herren waren gerade auf einer Dienstreise. Das nächste Mal waren sie auch nicht im Haus. Am Ausgang versteckte er sich, bis sie kamen, sie hatten es aber schrecklich eilig. Anrufe, Briefe, Karten, Mahnungen blieben vergeblich. Seine wöchentlichen Zugfahrten auch. Schließlich reichte das Fahrgeld nicht mehr. Wir Freunde halfen aus. Aber der Landfilm war gestorben.

Herr Kapinos wußte nun nicht mehr, wie er seine sechsköpfige Familie ernähren sollte. Zum zweiten Mal war er bettelarm geworden. Wenn der Mensch der verbrecherischen Macht des Staates zum Opfer gefallen ist, kann sie ihn ungehindert vernichten. Und es wird nie ein Schuldiger gefunden werden. In dieser Hoffnungslosigkeit bra-

chen die Krankheiten aus. Am 29. Januar 1950 starb Karl
Kapinos nach seinem 48. Geburtstag. Unsere Flüchtlings-
gemeinde trug ihn zu Grabe. In meine Trauer mischte
sich eine unbändige Wut, zumal ich an der Kopfseite des
Grabes in der nächsten Reihe einen mächtigen Gedenkstein
mit der Inschrift entdeckte: „Den Opfern der Unmenschlichkeit." Kaum hatte unser Pfarrer sein Amen gesprochen,
da drängte es mich, der Trauergemeinde zuzurufen:

„Unser Bruder und Freund Karl Kapinos wird keinen
Grabstein brauchen, denn man hat ihm schon einen gesetzt.
Auch er ist ein Opfer der Unmenschlichkeit."

An seinem Todestag kam die Vorführgenehmigung mit
der Post. Er hat sie nie mehr gesehen, die ihm geraubten
Geräte auch nicht.

In memoriam Pfarrer Ernst Willy Kohl

Eine kleine Stadt in Sachsen

Vierhundert Jahre war Nossen an der Freiberger Mulde
in seiner wechselvollen Geschichte eng verbunden mit dem
vor seinen Toren im Tal gelegenen berühmten Zisterzien-
serkloster Altzella (gegründet 1162), der Tochter von Schul-
pforta und Mutter von Neuzelle an der Oder. Als in den
Wirren der Reformation das Kloster aufgelöst wurde und
nach und nach verfiel, riß man die meisten Gebäude nieder und baute in die Stadtkirche zwei spätromanische Por-
tale ein, die bis heute alle Stadtbrände, Kriege und Ver-
wüstungen unbeschädigt überstanden haben. Nossen, so
sagt man, hätte seinen Namen vom slawischen nos, Nuz-
zin, Nase, vom Nasenberg, auf dessen Gipfel sich die alte

Ritterburg, das heutige Schloß, erhebt, vor dessen Zugang
die Stadtkirche Wache zu halten scheint.

Daß eine neu entstandene katholische Flüchtlingsge-
meinde ihre Sonntagsgottesdienste in der evangelischen
Kirche feierte, schien in den Nachkriegsjahren zur Selbst-
verständlichkeit geworden zu sein. Man sah es vielerorts
bereits als Gewohnheitsrecht an. Daß aber unser Schaukasten in gleicher Größe neben dem evangelischen an der
Pfarrhaustür seinen Platz erhielt – wo er jetzt noch hängt –,
das war damals wohl sicher nicht die Regel.

Das Institut für Lehrerbildung

Das Städtchen besaß früher ein Lehrerseminar, das spä-
ter Oberschule und in den fünfziger Jahren Institut für
Lehrerbildung wurde, die Kaderschmiede sozialistischer
Erzieher. Daß diese jungen Leute auf ihrem Weg in die
Stadt unbedingt am evangelischen Pfarrhaus mit seinen

beiden christlichen Schaukästen vorbei mußten, war der Leitung des Institutes ein unerträglicher Gedanke. Welch eine weltanschauliche Gefährdung! Natürlich hatte es sich längst herumgesprochen, daß dieser Pfarrer keinerlei Anstalten machte, die Glieder seiner Gemeinde für den befohlenen Sozialismus zu begeistern, eher schon das Gegenteil.

Das Institut hatte man fest im Griff. Stalins Geist erfüllte das ganze Haus und sandte seine Strahlen glanzvoll nach innen und außen. Sechsundachtzig Plakate, Transparente und altarähnliche rote Ecken mit Kerzen, Blumenschmuck und den Bildern unserer großen Vorbilder hatte ich einmal im und am Gebäude gezählt.

Niemand konnte es sich so recht erklären, und doch passierte es immer wieder, daß schädliche Elemente Zugang fanden oder gar eingeschleust wurden. Der Klassenfeind schläft nicht! Wachsamkeit ist geboten! Deshalb sah man sich gezwungen, immer wieder Säuberungsaktionen in Gang zu setzen.

Als die Schüler nach den Winterferien 1957 wieder im Internat erschienen waren, wurden drei sofort zur Frau des Direktors bestellt: „Habt ihr es euch überlegt? Seid ihr bereit, die Jugendweihe nachzuholen?"

Da alle drei verneinten – es waren zwei katholische Jungen und ein evangelisches Mädchen –, befahl ihnen diese Lehrerin, Schule und Internat in fünf Minuten zu verlassen. Es wurde ihnen verboten, sich von den Mitschülern zu verabschieden. Sie mußten nur noch unterschreiben, daß sie die Schule auf eigenen Wunsch verließen. Der Kleinste unter ihnen stand nun mit seinem Rucksack im Schneegestöber vor meiner Tür. Ich konnte ihn aufnehmen. Er hatte noch vier Geschwister. Kurz vorher waren beide Eltern verstorben.

Die Ausbildungsstätte trug den verpflichtenden Namen „Geschwister Scholl". Sie trägt ihn heute noch.

Hatte man auch das Institut fest in der Hand, so war es nun angezeigt, das Umfeld von „gefährlichen Klassenfeinden" zu reinigen. Als erster mußte Pfarrer Kohl liquidiert werden. Die Partei hatte grünes Licht gegeben. In anderen Städten war man schon einen Schritt weiter.

Otto Prasser kommt dem Komplott auf die Spur

In jenen Tagen der Angst und des Terrors lebte in Nossen ein Mann, der mich unentwegt an Franz von Assisi erinnerte.

Meine Mutter hatte 1945 zusammen mit anderen Flüchtlingen eine Dachkammer ergattert. Sie besaßen einen einzigen Kochtopf, den aber ein sich ständig vergrößerndes Loch zierte, dem weder durch Einfallsreichtum noch durch Geschicklichkeit beizukommen war. In ihrer Verzweiflung sprach Mutter die Leute auf der Straße an. Man war damals den Flüchtlingen, diesem zugereisten Pack, nicht sehr wohlgesonnen. Schließlich aber bekam sie doch einen brauchbaren Hinweis: „Geh'n Sie doch mal zu Prasser Otto, der hilft ihnen bestimmt. Der hat nämlich so einen religiösen …" Und dabei machte die Frau eine ziemlich eindeutige Kreisbewegung mit der rechten Hand vor der Stirn.

Ängstlich betrat Mutter die Werkstatt dieses Klempnermeisters. Er schaute durch den Topf hindurch, warf ihn wortlos im großen Bogen aus dem Fenster, verschwand in seiner Küche und streckte ihr einen eigenen entgegen. Lachend jagte er sie aus der Werkstatt, ehe sie sich von ihrem Schreck erholen und nach einem Preis hätte fragen können.

Wenn ich morgens zum Dienst ging, traf ich Otto Prasser da schon, wie er, die Gitarre auf dem Rücken, sein Fahrrad den Schloßberg hinaufschob. Vor seinem eigentlichen Arbeitsbeginn hatte er irgendeinem einsamen Menschen ein Geburtstagsständchen gebracht. Immer war ein Choral dabei, ob er zur Goldenen Hochzeit gratulierte, einem von allen Menschen Verlassenen das letzte Geleit gab oder dem SED-Bürgermeister und ehemaligen Kriegskameraden die Geburtstagsglückwünsche überbrachte. „Is ja gut, Otto", wollte der Bürgermeister das Gotteslob beenden. „Nein, noch zwei Strophen!" und Otto sang sie zu Ende.

Manchmal tauchte er urplötzlich dort in der Küche auf. „Ich wollte nur mal sehen, was es bei Bürgermeisters zu essen gibt." Er setzte sich, aß mit und stand nicht mehr auf. Dann schwante dem Stadtoberhaupt nichts Gutes. „Heute nacht ist Helmut Krause abgeholt worden."

„Und was geht das mich an?"

„Nun, du wirst sofort die sowjetische Kommandantur in Meißen anrufen und Helmut zurückholen!"

„Kommt ja überhaupt nicht in Frage!"

„Du bist der Bürgermeister dieser Stadt und ihrer Bewohner. Das ist deine Pflicht! Ich stehe von diesem Stuhl erst auf, wenn du angerufen und die Zusage erhalten hast."

In dieser Hinsicht war mit Otto Prasser nicht zu spaßen. Dem armen Bürgermeister half keine Ausflucht, er mußte gehorchen. Und hatte er wieder einmal einem Unschuldigen das Leben gerettet, dann sang Otto einen noch längeren Choral zur Gitarre.

Ich weiß nicht, wie viele er auf diese Weise befreit hat. Aber heute noch bin ich stolz darauf, diesen Narren und Spielmann Gottes meinen Freund nennen zu dürfen, auch wenn er schon einige Jahre seine Psalmen in der Ewigkeit singt.

Was ihn an jenem Sonntagabend im Herbst 1957 in die Gaststätte am Stadtrand getrieben hat, konnte ich nie erfahren. Es entsprach ja überhaupt nicht seiner Art und Gewohnheit. An einem entfernten Tisch erkannte er im Kreise einiger Genossen den Direktor des Instituts. Aus

Wort- und Satzfetzen konnte man entnehmen, daß sich das Gespräch um Radio- und Zeitungsmeldungen drehte, denen zufolge ein Propst Maercker aus dem Bezirk Schwerin verhaftet worden war, weil er angeblich der Tochter eines Genossen die Beerdigung verweigert hätte. „Wäre das nicht auch etwas für Kohl?" schlug der Direktor vor.

Mit dem Schaukasten fing es an

Am Abend saß Pfarrer Kohl mit seiner Frau im Wohnzimmer im ersten Stock, dessen Fenster zur Kirche und damit zur Straße hinausführten. Plötzlich krachte und klirrte es mehrmals. Ehe er das Fenster öffnen und hinunterschauen konnte, waren die Täter schon weg. Zwei junge Leute rannten den Schloßberg hinunter. Beide Schaukästen waren zertrümmert. Sofort erstattete er Anzeige bei der Polizei, weigerte sich jedoch auf Befragen, einen Verdacht zu äußern.

Die Demolierungen wiederholten sich noch öfter, so daß wir einen Aushang auf unsere Scheibe klebten: „Zerstörung ist Schädigung des Volkseigentums. Der Kasten ist versichert." Gemeindemitglieder hatten beobachtet, daß die jugendlichen Täter stets in Richtung des Internates rannten.

„Jedesmal, wenn ich die Vorfälle der Polizei meldete", berichtete mir Pfarrer Kohl, „verlangte man von mir, ich solle doch sagen, wen ich als Täter vermutete. Immer tat ich ahnungslos. Schließlich erklärte man mir, daß man sich weigere, die Anzeige anzunehmen, weil man mir überhaupt nicht helfen könne, solange ich verschweige, welchen Verdacht ich hätte.

Was sollte ich tun? Weiterhin dem bösen Treiben hilflos zusehen? Also gestand ich schließlich, daß die Täter in Richtung Institut für Lehrerbildung gerannt waren."

So war Pfarrer Kohl in die erste für ihn aufgestellte Falle gegangen. Sie war zugeschnappt. Es sollte kein Entrinnen mehr geben.

Pfarrer
Ernst Willy Kohl

Aus dem Nachbarort starb eine Frau

Am 31. Oktober 1957 schreibt Pfarrer Kohl an das Landeskirchenamt in Dresden:

„Am Samstag, dem 19. Oktober, teilte mir meine Sekretärin mit, daß die Leichenfrau anfrage, ob ich eine Beerdigung einer im hiesigen Krankenhaus verstorbenen Frau aus Wolkau (Parochie Rüsseina) übernehmen wolle. Da wir in dieser Woche schon vier auswärtige Beerdigungen übernommen hatten, habe ich abgelehnt. Am Sonntag, dem 20. Oktober, rief der Ehemann der Toten an und fragte nochmals, ob ich die Beerdigung übernehmen wolle. Ich ersuchte ihn, die Tote auf dem Heimatfriedhof in Rüsseina zu beerdigen. Und wenn es auch der Wunsch (!?) der Toten wäre, wir könnten unseren Friedhof nicht überlasten. Am Montag (21. Oktober) rief das Rathaus an und drohte mit Beschwerde beim Kreisrat, was ich ablehnte, da wir ja immer noch das Recht hätten und bestimmen könnten, wer auf unserem Friedhof beerdigt wird. Er wäre in erster Linie für den eigenen Ort. Dann betonte ich, daß man uns ja unseren Friedhofsarbeiter abgeworben habe und der Friedhofsmeister überlastet sei. Außerdem könnten wir den Friedhof nicht immer mehr erweitern, da jeder Meter Weg uns Unkosten und Arbeit mache. Der Anrufende (Fritz Weigel) sprach dann offenbar mit dem Leidtragenden, und der erklärte, daß die LPG in Wolkau zwei Mann schicken würde zum Grabschaufeln.

Ganz zum Schluß sagte ich, daß ich die Tote ja gar nicht kenne und ob sie denn evangelisch sei. Darauf kam die Antwort, daß die Frau wie ihr Mann ausgetreten wären. Worauf ich sagte, daß mich ja dann die Beerdigung als Pfarrer gar nichts anginge. Da ich mir über die Rechtslage, ob wir einen im Krankenhaus Verstorbenen ablehnen dürfen, im Augenblick nicht im klaren war, stimmte ich zu … Die Beerdigung fand am Nachmittag des Mittwochs statt. Es soll gesprochen haben ein Abgeordneter des Kreisrates, eben der Herr, der mit mir telefoniert hat. Der Bläserchor, der mitwirkte, spielte Choräle."

In einem Brief vom 3. 11. 1957 schreibt Pfarrer Kohl an das Landeskirchenamt:

„Am Freitag, dem 1. November, habe ich dem Kreistagsabgeordneten Weigel, der auf dem Rathaus am Montag, dem 21. Oktober, die telefonische Besprechung mit mir geführt hatte, eine Niederschrift über das Telefongespräch zur Unterschrift vorgelegt. Er hat sich voll und ganz hinter diese Niederschrift gestellt, aber abgelehnt zu unterschreiben, da ihm das von der Partei verboten worden wäre. Wir haben diese Niederschrift aber von Freitagmittag bis Samstagabend im Schaukasten gehabt, und Hunderte haben den Kasten umlagert und die Aushänge gelesen. Da Herr Weigel dann Sorge um seine Parteistellung hatte, haben wir im Kirchenvorstand beschlossen, diese Niederschrift wieder aus dem Kasten zu entfernen, um so mehr, als wir den Eindruck haben, daß sie ihre Wirkung voll und ganz gehabt hat."

Das Kesseltreiben beginnt

Inzwischen war ein ausgezeichnet vorbereiteter und flächendeckend durchorganisierter Hetzfeldzug gegen Pfarrer Kohl ins Rollen gebracht worden. Radio DDR begann am 29. Oktober abends um 19 Uhr mit der Verbreitung der Nachricht, Pfarrer Kohl habe sich geweigert, eine Genossenschaftsbäuerin zu beerdigen. Die Werktätigen der DDR seien empört. Ab 30. Oktober griffen die Zeitungen in das Kesseltreiben ein.

Hans Schwarz schrieb am 31. Oktober 1957 in der „Sächsischen Zeitung" unter der Überschrift „Kanzelmißbrauch": „Eine Welle der Empörung eilte gestern durch unseren Bezirk und ergriff Christen und Nichtchristen gleichermaßen, als die allen menschlichen Empfindungen ins Gesicht schlagende Schandtat des Pfarrers Kohl bekannt wurde, der der Frau des Genossenschaftsbauern Koscielny aus Wolkau, Kreis Meißen, die letzte Ruhestätte auf dem Friedhof verweigerte und den Ehemann zwang, das Grab mit eigenen Händen auszuheben.

Ähnlich unmenschlich handelte der inzwischen verhaftete Propst Maercker …

Modergeruch aus dem finstersten Mittelalter der Folter und der Scheiterhaufen schlägt uns bei solcher Barbarei entgegen. Der Kardinalinquisitor sitzt aber in Westberlin. Er zieht im Auftrag der Imperialisten die Fäden und heißt Dibelius."

Am 2. November 1957 schreibt die „SZ" unter der Überschrift „Siebzehn traten aus – Institut für Lehrerbildung verwahrt sich gegen Pfarrer Kohl":

„Am 30. Oktober nahm die FDJ-Schulgruppe zu den Anschuldigungen durch Herrn Pfarrer Kohl, in der Nacht vom 27. zum 28. Oktober Schaukästen der Kirchgemeinde Nossen zertrümmert zu haben, Stellung und verwahrte sich dagegen … 17 Studenten des Institutes für Lehrerbildung Nossen haben auf Grund dieses Vorfalls und wegen des unmenschlichen Verhaltens des Pfarrers den Austritt aus der Kirche erklärt …"

In derselben Zeitung erschien am 4. November ein vom Direktor unterzeichneter Artikel: „Unsere Antwort: Noch bessere Arbeit. Das Institut für Lehrerbildung Nossen antwortet Herrn Pfarrer Kohl":

„Wenn es am Institut für Lehrerbildung weltanschauliche Auseinandersetzungen gibt, so ist das ein natürlicher Zustand, denn die Jugend ringt um ein klares Weltbild. Wir lehnen es aber entschieden ab, daß dabei mit den Mitteln des Gewissenszwanges oder der Erpressung gearbeitet wird. Dies zu tun war bisher in Nossen Herrn Pfarrer Kohl selbst vorbehalten. Die Zwangsmaßnahmen bestimmter Kreise der evangelischen Kirche gegen junge Menschen, die an der Jugendweihe teilgenommen haben, die Entscheidungsfrage: ‚Entweder Jugendweihe oder Konfirmation' sind solche Mittel des Gewissenszwanges. Besonders erschüttert aber sind wir von der grenzenlosen Gemeinheit, mit der Herr Pfarrer Kohl Rache an jenen Menschen nehmen will, die sich von der Kirche getrennt haben."

Es muß hier nachgetragen werden, daß Familie Kohl acht Kinder hatte und daß derselbe Direktor und Verfasser des Artikels im Mai 1953 Tochter Friederike Kohl (geb. 17. 1. 37) und am 30. 8. 56 Tochter Henriette Kohl (geb. 12. 3. 39) von der Schule verwiesen hat, obwohl beide ausgezeichnete Zeugnisse, Beurteilungen und Prämien für besondere Leistungen erhalten hatten. Die Hetzartikel steigerten sich: „Weder christlich noch menschlich", „Schikanen gegen Tote und Hinterbliebene", „Bürger zum feindlichen Tun einiger Pfarrer: Nicht mehr ungestraft lassen!" Inzwischen wurde das Pfarrhaus in Nossen von einer Flut sogenannter Protestbriefe aus der gesamten DDR überschwemmt, die von ordinärsten Verleumdungen und Beschimpfungen („Mistvieh", „Hundevieh", „du Aas", „Lumpen", „Affenarsch", „stinkende Kreatur", „Paffenschwein" …) bis zu offenen Morddrohungen reichten. Alle Briefe erhielten genau wie die Zeitungen eine Richtigstellung des Pfarrers. Die Briefe kamen als „unzustellbar" zurück. Die Zeitungen nahmen keine Notiz davon.

Es war mir unverständlich, welche Motive einen Mann dazu treiben konnten, in einer Lehrerversammlung öffentlich zu erklären: „Dem Kohl werden wir das Handwerk legen. Ich werde in den Archiven schon etwas finden, um ihm seine Nazi-Vergangenheit nachzuweisen!" Dieser Lehrer war nicht SED-Mitglied, und ich achtete ihn sehr. Hatte er sich doch große Verdienste um die Altzella-Forschung erworben. Immer erschien er mir als ein Bewunderer der Zisterzienser und ihrer überragenden Kulturleistungen. Wie konnte so ein Mensch sich noch rühmen, auf die in jenen Jahren schon reichlich geschmähte Kirche und ihre Amtsträger einzuschlagen? Hatte er vielleicht eine persönliche Rechnung aus der Vergangenheit zu begleichen?

Am 4. 11. 57 erschien in den Zeitungen des Kreises Meissen ein Aufruf:

„Einwohner der Stadt Nossen!
Am Dienstag, dem 5. November, 20 Uhr findet im ‚Sachsenhof'
eine öffentliche Einwohnerversammlung statt. Thema: ‚Wie stehen wir zur Handlungsweise des Pfarrers Kohl?'
Erscheint alle zu dieser Großveranstaltung!
Nationale Front des demokratischen Deutschland,
Ortsausschuß Nossen"

Zur gleichen Zeit mußten von den Studenten des Institutes 3000 auf rotes Papier gedruckte Flugblätter an die Haushalte der Stadt verteilt werden. Man fand sie packenweise in den Hausfluren. Überschrift: „Da nützt auch kein Herausreden, Herr Pfarrer Kohl!"

Das Risiko der Öffentlichkeit

Nachdem ich mit unserer katholischen Gemeinde vereinbart hatte, daß wir bereits um 19 Uhr den Saal besetzen wollten, lief ich zu Otto Prasser, der Vorsitzender des evangelischen Kirchenvorstandes war. Ich erwischte ihn in seiner Werkstatt.

„Was gedenkt ihr zu tun?"

„Als Christ kann man an einer solchen Schandveranstaltung nicht teilnehmen!"

„Otto, du hast natürlich recht. Aber jetzt geht es um euren Pfarrer. Und wir denken nicht daran, ihn herauszuhauen, wenn ihr nicht mitmacht. Das schaffen wir auch gar nicht!" Er besann sich. „Gut, du hast recht, ich werde sofort losrennen, um unser Volk zusammenzutrommeln."

Als ich am Dienstag, dem 5. November, gegen 19 Uhr dem „Sachsenhof" zusteuerte, die Einsatzwagen der Polizei, die vielen Stasi-Leute in Zivil, die Lautsprecher- und Übertragungswagen des Rundfunks auf den Straßen und am Markt wahrnahm, überkam mich das Gefühl, als ob ein Krieg unmittelbar bevorstünde, ein Krieg nicht nur gegen einen Pfarrer, sondern ein Krieg gegen die Kirche. Die bedrückende Stimmung verstärkte sich noch im Saal. Die Christen hatten ihn fast gefüllt und wagten kaum, miteinander zu flüstern. Man begrüßte sich mit Blicken. An jeder Säule hingen Mikrofone. Um 19.30 Uhr wurde die Tür polizeilich abgeriegelt, obwohl bisher niemand die Treppen zu den Emporen hatte betreten dürfen. Das Rätsel löste sich, als die Studenten des Institutes geschlossen einmarschierten und dort die reservierten Plätze einnahmen. Den vielen vor dem Tore wurde durch Lautsprecher mitgeteilt, daß die gesamte Veranstaltung nach draußen übertragen werden würde.

Unser Kaplan Weinert kam mit der Pfarrjugend schon zu spät. Auf Schleichwegen gelangten sie in den Hof des Gasthauses. Dort gab es eine eiserne Außentreppe, die zum Notausgang des Saales im ersten Stock führte. Aber auch diese Tür war verschlossen. Beherzt schlug ein Mädchen eine Scheibe ein und kletterte hindurch. Sie hatte sich ein wenig verletzt Sofort wurde sie von der Polizei gepackt. Da schrie sie: „Ich verblute!" – Die Polizisten versuchten, ihr zu helfen, rannten nach dem Verbandsmaterial. Inzwischen konnten Kaplan und Jugend in den Saal klettern.

Am Präsidiumstisch hatten Platz genommen: die Vertreter der Nationalen Front, der Blockparteien, des Institutes für Lehrerbildung, der Staatsanwalt, der Kreisgerichtsdirektor, eine Vertreterin der Landesregierung. Die Gesprächsleitung hatte eine Lehrerin des Institutes, die sich bei Kollegen und Schülern eines sehr zweifelhaften

Rufes erfreute: Als abgefallene Katholikin schien sie dem Zwang verfallen zu sein, im Unterricht jede sich bietende Gelegenheit zu nutzen, um Glaube, Christentum und Kirche in primitiver Weise lächerlich zu machen.

Die Versammlung begann mit den üblichen Phrasen. Dann wurden die „Verbrechen" des Pfarrers Kohl verlesen. Aus dem Saal schlug den Rednern eisiges Schweigen entgegen. Man hatte es ja gelernt und geübt, inhaltslose und ständig wiederholte Monologe über sich ergehen zu lassen. Ein wenig Leben brachte ein SED-Redner dadurch in die starre Masse, daß er offensichtlich Schwierigkeiten mit der deutschen Grammatik hatte und von den gelangweilten Schülern auf den Emporen lauthals korrigiert und ausgelacht wurde. Daraufhin begann er, diese zu beschimpfen, was nur noch weiteres Gelächter auslöste. Den armen Lehrern schien die anfänglich gute Disziplin völlig zu entgleiten.

Der bestellte „Diskussionsredner" versuchte zu berichten, daß auch in seiner Wohnung schon einmal jemand gewesen sei, der ein Kirchenblatt abgeben wollte, auf dem etwas von einem Herrn Jesus gestanden hätte. Seine ausgefeilt kluge Rede gipfelte in dem Ausruf: „Den habe ich aber davongejagt! Ich scheiß auf den Herrn Jesus!"

Die Christen im Saal hielten den Atem an, die Jugendlichen amüsierten sich köstlich.

Da trat Kaplan Weinert vor und gab seinen Zettel ab. „Als nächster spricht Friedensfreund Weinert", wurde bekanntgegeben. Mich durchfuhr ein Schreck: Wird er diese Situation meistern? Was passiert, wenn ihm jetzt sein Temperament wie ein wildes Pferd durchgeht? Ich kannte ihn ja zu gut.

Noch mehr versteckte ich mich in der stehenden Menge hinter meiner Säule. So konnte wenigstens niemand mein Gesicht sehen, denn ich muß bleich geworden sein.

40

„Ich bin dafür bekannt, daß ich sehr lange rede", begann der Kaplan. „Aber heute will ich es kurz machen: Ich und viele hier im Saal glauben noch an den Herrn Jesus!" Tosender Beifall. Der erste an diesem Abend. Sogar die Studenten auf den Emporen klatschten mit.

„Als nächster spricht Friedensfreund Johne." Ein gutaussehender junger Mann trat ans Rednerpult. Niemand kannte ihn. „Ich bin der Friedhofsverwalter von Rüsseina", stellte er sich vor. Kaum jemand begriff, daß es der Pfarrer war. In geschliffener Rede, die alle beeindruckte, legte er dar, daß die Verstorbene auf dem Rüsseinaer Friedhof hätte beerdigt werden müssen, der für den Kirchsprengel zuständig sei. Pfarrer Kohl habe in allem absolut korrekt gehandelt, denn es läge ein Kirchenratsbeschluß vor, an den auch der Pfarrer gebunden sei, wonach nur noch Einwohner von Nossen auf diesem Friedhof beerdigt werden dürften, da der Friedhof durch den Zuzug der Flüchtlinge und durch die katholische Gemeinde zu klein geworden sei.

Auch ihm wurde durch begeisterten Beifall zugestimmt und gedankt. Das Blatt begann sich zu wenden.

Pfarrer Kohl hatte sich auf Anraten seiner kirchlichen Vorgesetzten nach Westberlin begeben, um von Propst Grüber Rat und Hilfe zu erbitten. Dieser sagte zu ihm: „Fahren Sie wieder in Ihre Gemeinde. Und sollte Ihnen etwas zustoßen, so stehe ich vor Ihrer Zellentür so lange, bis Sie wieder freigelassen werden." Der Versicherung dieses Mannes glaubte er.

Auf der Berliner Kirchenbehörde erfuhr er, daß gerade sechs ähnliche Fälle vorlägen, wo Pastoren wegen Beerdigungen angegriffen wurden. Man meinte, dieses ganze Manöver sei nur gestartet worden, um die kirchlichen Friedhöfe zu verstaatlichen. Er solle nur so schnell wie möglich zurückfahren und an der Einwohnerversammlung teilnehmen. Das schaffte er aber zeitlich nicht mehr.

Dafür trat seine Tochter Adelheid Kohl ans Mikrofon und verlas einen anonymen Hetzbrief mit Morddrohungen gegen ihren Vater. Empörung im Saal. Aber sie durfte ihn nicht zu Ende lesen, denn sofort griff der Staatsanwalt ein und beschlagnahmte den Brief, angeblich um eine Untersuchung zur Auffindung des Absenders einzuleiten, die natürlich nie stattfand.

Als die Stimmung im Saal offenkundig umgeschlagen und für die Veranstalter nichts mehr herauszuholen war, stand der Vertreter des Kreisvorstandes der CDU auf und hielt eine der damals üblichen schmalzigen Friedensreden: „… Und so wollen wir auch dafür kämpfen, daß der Friede in Nossen wieder einzieht. Die Versammlung ist geschlossen."

Diesmal hatten wir Christen gesiegt. Als Pfarrer Kohl zurückkehrte, fand er sein Haus in ein Blumenmeer verwandelt vor. Christen und Nichtchristen gaben leuchtende Sträuße mit Glückwünschen an der Tür ab, die dann in alle Fenster des Pfarrhauses gestellt wurden. So viele Blumen in einem Gebäude hat Nossen sicher noch nie gesehen.

Hetze und Drohungen gehen weiter

Die Hetzartikel in den Zeitungen richteten sich von nun an gezielt auch gegen Pfarrer Johne. Sollte er der nächste sein? Aber auch die Einwohner von Nossen bekamen ihre Prügel. Warum hatten sie auch den Aufruf ernst genommen: „Erscheint alle zur Großveranstaltung!" „Der Ortsausschuß der Nationalen Front wünscht, daß jene Einwohner, die am 5. November um der Sensation willen anwesend waren, sich auch bei anderen Veranstaltungen sehen lassen

und gute Taten für den Frieden, für das Nationale Aufbauwerk und für die Stärkung unserer Republik vollbringen."

Angeblich wegen der Drohbriefe wurde Pfarrer Kohl
am 11. November ins Volkspolizeikreisamt Meißen bestellt.
Er nahm seine Frau und Superintendent Klemm mit. Beide wurden nicht zugelassen. Es folgte ein achteinhalb-
stündiges Verhör, an dessen Ende von Frau Staatsanwalt
Zeiler sein Amtskalender beschlagnahmt wurde.

Im Mahlwerk der Justiz

Am 14. November stellte Pfarrer Kohl einen Antrag um
Versetzung in den Ruhestand an das Landeskirchenamt.
Er hatte ja inzwischen sein 67. Lebensjahr vollendet. Am
15. November kommt er gegen 19 Uhr völlig erschöpft
von der Beerdigung des Altbischofs Hahn zurück und
erleidet einen Herzschwächeanfall. Um 20.30 Uhr kommen drei Herren in Zivil in sein Schlafzimmer und verhaften ihn. Es folgt eine Haussuchung bis 2.30 Uhr in der
Frühe. Es werden Briefe, Predigtentwürfe, Schmierzettel,
Notizen auch der Töchter beschlagnahmt, sogar die Betten der Kinder werden durchstöbert.

Nach dem Gottesdienst am Bußtag, dem 20. November,
erfolgt eine zweite Haussuchung. Diesmal werden Boden,
Kammern, Keller, Schuppen, Gartenhäuschen, Wohn- und
Amtszimmer gründlich durchkämmt und Bücher und
Urkunden beschlagnahmt.

Am 22. November erfährt Frau Kohl, daß ihr Mann im
Meißner Untersuchungsgefängnis im Bett liege und ärzt-
lich betreut werde, da sein Herz häufig ausgesetzt habe.
(Die Begriffe „Haftunfähigkeit" und „Haftverschonung"
wurden erst 1990 in der DDR erfunden!)

Die Kriminalpolizei kommt am 23. November nochmals
ins Pfarrhaus, um die kleinen Lebensmittelreserven der

Familie zu fotografieren. Was die Haussuchung erbrachte, wird nun in einer nicht öffentlichen Pressekonferenz bekanntgegeben. Der Leser erfährt es am 15. Dezember 1957 unter der Überschrift: „Als Staatsverbrecher entlarvt".

„Die Ergebnisse der gestern durchgeführten Pressekonferenz bewiesen, daß der Nossener Pfarrer verhaftet werden mußte, weil er aktiv die Grundlagen unserer Republik angriff. Die ehrlichen Christen unseres Staates distanzieren sich deshalb von diesem Boykotthetzer, der sich nach Abschluß des Verfahrens vor dem demokratischen Gericht zu verantworten haben wird."

Die „öffentliche" Hauptverhandlung

Am 27. Mai 1958 fand die Hauptverhandlung vor dem 1. Strafsenat des Bezirksgerichtes Dresden am Münchener Platz statt. Es war bekanntgegeben worden, daß die Verhandlung öffentlich sein wird. Als ich das Gebäude betrat, mußte ich sofort daran denken, wie viele unschuldige Menschen in der Nazizeit hier hingerichtet worden waren. Pater Bänsch, der Pfarrer von Dresden-Plauen, hatte mir davon erzählt, wie oft er sich in der Nacht davor bei einem zum Tode Verurteilten in der Zelle einschließen ließ, mit ihm sprach, betete, ihm die Sakramente spendete und ihn dann in der Frühe bis zum Schafott begleitete. Ich wußte auch, daß die Hinrichtungen dort nach dem Kriege fortgesetzt wurden. Niemand kennt die Namen der Opfer. Niemand wagte es, überhaupt darüber zu sprechen. Es gab keine Gerichtsverhandlungen, und diese armen Menschen hatten in ihrer letzten Stunde nicht einmal einen Seelsorger, der sie begleitete und ihnen ein wenig von der Todesangst hätte nehmen können.

Es fiel mir auf, daß so viele Pfarrer und Vertreter des Landeskirchenamtes unten im Vorraum standen. Unbekümmert steuerte ich auf die innere Pforte zu, als ich vom Pförtner barsch angefahren wurde, wo ich denn hin wollte. „Verhandlung Kohl" gab ich zur Antwort. „Haben Sie einen Sonderausweis?" – „Die Verhandlung ist doch öffentlich!" – „Ja, aber nur mit Sonderausweis." Ich wich zurück. Was nun? – Also deshalb kam niemand von seinen Mitbrüdern hinein! Auf der Anschlagtafel standen die heute geplanten Prozesse. „Sagen Sie mal", fragte ich den Pförtner, „nun bin ich so weit angereist, kann man dann wenigstens in die Verhandlung ‚Krause gegen Lehmann, Erbschaft' hinein?" Er nickte: „Sie können, aber die beginnt erst 10.30 Uhr." Ich hatte noch einen Freund aus Nossen mitgebracht und entdeckte Pfarrer Johne unter denen, die auch nicht hineinkamen. „Kommen Sie, wir gehen in die Verhandlung ‚Krause gegen Lehmann, Erbschaft'", flüsterte ich ihm zu. Aber der Pförtner ließ uns nicht ein: „Die geht doch erst 10.30 Uhr los!" Wir warteten bis kurz vor 10 Uhr und kamen durch. Als wir aber die Treppe zum ersten Stock hochrennen wollten, pfiff er uns zurück: „Saal vier ist doch unten!" Ich entschuldigte uns, denn hier könne man sich ja als Fremder nicht auskennen. Pfarrer Johne kannte einen Weg durch den Keller, so daß wir schließlich über die andere Treppe in den ersten Stock gelangten. Die Gruppe der hier versammelten auserwählten Funktionäre beäugte uns argwöhnisch. Sie kannten Pfarrer Johne und mich, und ich kannte sie von der Einwohnerversammlung her, und ich wußte, daß sie alle ihren Beitrag am Zustandekommen dieses Prozesses geleistet hatten. Man sah ihnen Stolz und Genugtuung an. Wir drei aber kamen uns vor, als wären wir die Angeklagten. Wer waren eigentlich die Rechtsbrecher, wir oder diese?

Endlich wurde die Tür zum Zuschauerraum des Gerichtssaales aufgeschlossen. Ein sowjetischer Soldat – oder war es ein Offizier? – mit roten Uniformspiegeln und rotem Mützenband öffnete. Sehen die Henker so aus? Kam mir in den Sinn. Und wieso steht eigentlich sowjetisches Militär im Gerichtssaal der souveränen DDR?

Der Soldat verlangte beim Einlaß die Sonderausweise. Was jetzt? Wir saßen in der Falle. Schnell durch den Keller flüchten? Verstecken? Nein, wir dürfen so früh nicht aufgeben. Der Schandprozeß braucht Zeugen, und wir können Pfarrer Kohl nicht allein lassen!

In meiner hinteren Hosentasche spürte ich Toilettenpapier. Es wurde in drei Teile geteilt, und jeder von uns erhielt ein Stück. „Wenn zwei nebeneinander durch die Tür gehen, versuchen wir es als dritter." Ich machte den Anfang, hielt mein Papier hoch und kam hinein. Drei Ausweise – sie hatten die Größe einer Postkarte – kann er unmöglich auf einmal überblicken. Es glückte uns allen. Sofort setzten wir uns auf die der Tür am nächsten stehende Bank, hielten den Blick starr nach vorn und rührten uns nicht. Hatte jemand etwas bemerkt? Es schien nicht so.

Der Angeklagte wurde wie ein Schwerverbrecher in den Saal geführt. Er schien verloren zu sein in diesem Rudel von Wölfen. Da entdeckte er uns – und lächelte. Also doch nicht allein!

Nach der Vernehmung zur Person, er befand sich im 69. Lebensjahr, wurde die Anklageschrift verlesen. So legte man ihm u. a. Verstöße gegen den § 16 des Strafergänzungsgesetzes vom 11. Dezember 1957 zur Last, eines Gesetzes, das vor seiner Verhaftung noch gar nicht existierte. Mein Freund, der einen weiten Anfahrtsweg hinter sich hatte, versuchte aus seiner Aktentasche eine Schnitte Brot auszupacken. Da das Papier raschelte, stand im selben Augenblick schon einer hinter ihm und verbot es scharf: Wir waren also in großer Sicherheit, unter den Augen und Ohren der Staatssicherheit.

Pause. Wir blieben sitzen. Der Russe jagte uns aus dem Raum und schloß ab. Wieder mußten wir uns in gleicher Weise einschmuggeln.

Die Verhandlung führte Oberrichterin Stephan mit zwei Schöffen, einem Maschinenschlosser und einem Ingenieur. Die Anklage vertrat Staatsanwalt Kadner. Die Verteidigung hatte Rechtsanwalt Dr. Ginsberg-Hansen, ein evangelischer Christ, übernommen.

Ich war erschüttert und empört, daß der Verteidiger überhaupt nichts zur Verteidigung des Angeklagten sagte. Wir wußten ja damals nichts von den Möglichkeiten eines Verteidigers in diesem Staate.

In der nächsten Pause sprach ihn Pfarrer Johne auf der Treppe an und stellte mich vor. Ich machte ihm den Vorschlag, das vorbildliche soziale Wirken des Pfarrers in den Nachkriegsjahren herauszustellen. „Ich selbst habe vieles davon miterlebt."

„Wären Sie bereit, das alles vor Gericht auszusagen?" fragte er mich.

„Ich kann es belegen und beeiden!" Wußte ich doch, daß Familie Kohl in den Kriegsjahren sehr gelitten hatte, daß der Pfarrer immer wieder von der Gestapo zum Verhör geholt worden war, daß man ihnen das Kindergeld für ihre 8 Kinder entzog, daß das Nossener Pfarrhaus Zufluchtsstätte für zahllose Flüchtlinge, Ausgebombte und Heimatlose war, ein Elternhaus für Verwaiste und daß von dort aus ständig Notleidende und Hungernde mit den Früchten des eigenen Gartens beschenkt wurden. Kaum jemand wußte es, daß Pfarrer Kohl heimlich eine Stadtverwaltung vorbereitet hatte, die am 8. Mai 1945 vorhanden war.

Freilich wußte ich auch dies, was mir der Direktor der Pestalozzi-Oberschule lautstark beigebracht hatte, als ich auftragsgemäß Vorschläge unterbreiten sollte, wie ich den Sozialismus im Unterricht einzuführen gedenke. Ich gab zur Antwort, daß ich den Schülern das Wort erklären wollte. Alle kannten damals den Sozius auf dem Motorrad. Sozius ist der Nächste. Soziales Handeln ist Handeln für den Nächsten. Da brüllte mich der Direktor an: „Sozialismus ist eine Weltanschauung und hat mit sozial nichts zu tun, merken Sie sich das!" – Und ich hatte es mir gemerkt.

Als wir uns am Ende der Pause wieder in den Gerichtssaal eingeschmuggelt hatten, nun schon mit ein wenig Routine, stellte der Verteidiger folgenden Antrag: „Hohes Gericht: Im Saal befindet sich ein Herr Heretsch, der bereit ist, über das soziale Wirken des Angeklagten Aussagen zu machen. Ich beantrage die Anhörung dieses Herren als Zeuge." Zischen und Beschimpfungen gegen mich aus dem Hintergrund. Ich saß wie versteinert da. Die Richterin fuhr den Verteidiger an: „Weshalb stellen Sie jetzt plötzlich diesen Antrag? Das verstößt gegen die Prozeßordnung!" „Ich habe soeben erst von seiner Anwesenheit im Saal erfahren."

„Das Gericht zieht sich zur Beratung zurück."

Wieder prasselten Angriffe der Rädelsführer auf mich herab: Was mir eigentlich einfiele! Was ich hier überhaupt zu sagen hätte …!

Ich hörte Bewegung und Scharren hinter mir, wagte einen kurzen Blick nach hinten und erkannte den stellvertretenden Direktor des Instituts, der sich durch die Reihen zwängte und aus dem Zuschauerraum verschwand. Er war ein gefürchteter Stasi-Mitarbeiter. Nun wurde es offensichtlich, daß er Richter und Staatsanwalt über meine Person informierte. Die Angst schoß in mir hoch: Was wird er ihnen sagen? Ich war ja inzwischen auch „entlarvt", zum „Staatsfeind" erklärt und für alle Zeiten aus meinem Beruf ausgestoßen worden. Und wenn sie mich öffentlich fragen, wie ich überhaupt hier hereingekommen sei?

Das „Hohe Gericht" betrat den Saal. Alle erhoben sich. Die Richterin gab bekannt: „Das Gericht hat beschlossen, den Antrag des Verteidigers abzulehnen. Die Aussagen des Zeugen werden nicht benötigt."

Mir fiel ein Stein vom Herzen. Ich hatte doch nur beabsichtigt, dem Verteidiger einige Fakten zu liefern. Er mußte mich mißverstanden haben. Wie hätten diese stalinistischen Richter denn auch zulassen können, daß der Angeklagte entlastet wird!

Grundlage der gesamten Verhandlung waren fast ausschließlich Briefe, Notizen und Bemerkungen, die bei den Haussuchungen gefunden worden waren. Eine Ausnahme bildete der Anklagepunkt „Beeinflussung des Schülers Trommsdorff". Dieser Junge, ein Klassenkamerad der jüngsten Kohl-Tochter Barbara, war seinen Eltern in Westdeutschland ausgerissen, in der Nossener Oberschule gelandet und dort wegen Mädchengeschichten von der Schule verwiesen worden. Pfarrer Kohl hatte versucht, beim Direktor die Wiederaufnahme zu erwirken. Da er keinen Erfolg erzielte, nahm Familie Kohl sich des Jungen an. Der Pfarrer führte manches seelsorgliche Gespräch mit ihm und machte ihm den Vorschlag, sich mit seinen Eltern zu versöhnen und zu ihnen zurückzukehren. Dafür wurde er „wegen Verleitung zur Republikflucht" verurteilt.

Die mit allen zur Verfügung stehenden Mitteln der Macht groß aufgeblasene Propagandalüge der „Verweigerung eines Begräbnisses" wurde in der Verhandlung auch nicht mit einem Wort erwähnt. Man hatte es dem Angeklagten in den Verhören eigens verboten, darüber ein Wort zu verlieren. Als Pfarrer Kohl diesen Punkt trotzdem anzusprechen wagte, wurde er vom Staatsanwalt angebrüllt: „Was hier verhandelt wird, bestimmen wir! Sie haben überhaupt nichts zu sagen, merken Sie sich das!"

Mehrmals drängte sich mir der Eindruck auf, daß der junge Staatsanwalt den alten Pfarrer exakt nach der Vorschrift behandelte, wie ein SS-Mann mit einem Juden umzugehen hat. Einmal mußte ich mir direkt auf die Zunge beißen, um nicht in den Saal hineinzuschreien: „… sagte Freisler!"

In der Mittagspause versteckten wir uns im Keller des Gerichtsgebäudes und teilten uns die Brotschnitten des Freundes. Am Nachmittag gab es dann glücklicherweise keine russische Kontrolle mehr.

Das Urteil wurde erst am nächsten Tage verkündet: dreieinhalb Jahre Gefängnis!

Als wir das Gerichtsgebäude verließen, fiel mir im Vorraum die Figur einer Justitia auf. Sie trug eine Waage und schaute diese interessiert an. Ihre Augen waren nicht verbunden. Die stalinistische Justiz hat parteilich zu sein!

Nach dem Prozeß

„Die Maske eines Biedermannes und was dahinter steckt. (Warum wurde Pfarrer Kohl verurteilt?)" Unter dieser Überschrift wurden die Einwohner von Nossen am 5. Juni 1958 wieder in den Sachsenhof eingeladen. Diesmal waren vorher begrenzte Zahlen von Eintrittskarten an bestimmte Bevölkerungsgruppen verteilt worden. Staatsanwalt und Oberrichterin begründeten ihr Schandurteil. Wieder wurde Pfarrer Johne dort und anschließend in der Presse in übler Weise angegriffen, weil er es immer noch gewagt hatte, sich hinter Pfarrer Kohl zu stellen.

Unter dem Datum vom 7. Juni 1958 wurde Frau Kohl vom Direktor der Pestalozzischule Nossen mitgeteilt, „daß Ihre Tochter Barbara ab sofort vom Besuch der Oberschule dispensiert wird. Die in der Einwohnerversammlung vom 5. Juni 1958 vorgebrachten Tatsachen erfordern diese Maßnahme."

Alle Gnadengesuche von Frau Kohl oder ihren Töchtern wurden abgelehnt: „Für Ihren Mann ist noch ein längerer Umerziehungsprozeß im Strafvollzug notwendig, bevor der Strafzweck als erreicht angesehen werden kann", schrieb die Präsidialkanzlei der DDR am 9. Januar 1959.

Nach der Untersuchungshaft in Meißen und Dresden (Schießgasse und Bautzener Straße) verbüßte er die Haft in Bautzen. Später notierte er: „Die Vollzugsmeister Schicht und Hartmann waren die gemeinsten Kerkermeister."

Lügen und Schikanen

Auf eine Anfrage von Frau Kohl, welche Möglichkeiten sie habe, ihrem oft kranken Mann zu helfen, bekam sie folgende Antwort: „In Beantwortung Ihres Schreibens vom 8. November 1959 teilen wir Ihnen mit, daß wir Ihrer Bitte betreffs Aushändigung von Schreibmaterial an Ihren Ehemann Willy Kohl nicht stattgeben können. Er erhält hier genügend Literatur, um sich zu beschäftigen. Des weiteren bitten wir Sie, von der Zusendung wärmerer Unterkleidung abzusehen. Jeder Strafgefangene ist in ausreichendem Maße mit warmer Kleidung versehen. Auch ist die Temperatur in den Unterkünften so, daß keiner frieren muß. Die Übersendung von Weihnachtspaketen ist nicht gestattet, jedoch erhalten sie die Genehmigung zur einmaligen Überweisung von DM 10,00 für Ihren Ehemann, damit er sich zusätzlich selbst etwas kaufen kann." Später schreibt Pfarrer Kohl unter diesen Brief: „Lügen!

Kanzelmißbrauch

Von HANS SCHWARZ

*H*eute sind auf den Tag 440 Jahre vergangen, daß Dr. Martin Luther seine Streitschrift an die Schloßkirche in Wittenberg schlug. Es waren 95 Thesen gegen den Mißbrauch der Religion durch Geistliche und Ablaßhändler.

Diese historische Erinnerung drängt sich unwillkürlich auf, wenn sich in diesen Tagen und Wochen die Meldungen häufen, wie führende Männer der Evangelisch-Lutherischen Kirche in der DDR ihr Amt mißbrauchen.

*E*ine Welle der Empörung eilte gestern durch unseren Bezirk und ergriff Christen und Nichtchristen gleichermaßen, als die allen menschlichen Empfindungen ins Gesicht schlagende Schandtat des Pfarrers Kohl bekannt wurde, der der Frau des Genossenschaftsbauern Koscielny aus Wolkau, Kreis Meißen, die letzte Ruhestätte auf dem Friedhof verweigerte und den Ehemann der Verstorbenen zwang, das Grab mit eigenen Händen auszuheben. Ähnlich unmenschlich handelte der inzwischen verhaftete Propst Märcker, als die verstorbene Tochter des LPG-Vorsitzenden Andersson in Holthusen beerdigt werden sollte.

Modergeruch aus dem finstersten Mittelalter der Folter und der Scheiterhaufen schlägt uns bei solcher Barbarei entgegen. Der Kardinalinquisitor sitzt aber in Westberlin. Er zieht im Auftrag der Imperialisten die Fäden und heißt Dibelius.

Predigen in Westdeutschland Bischöfe und Pfarrer das Bibelwort „Sei untertan der Obrigkeit", die auf NATO-Kurs segelt und nach Atomwaffen schreit, so hetzt bei uns ein Bischof Hornig in Görlitz von der Kanzel zum Widerstand gegen unseren Staat, so preist Bischof Mitzenheim in der DDR, in Bad Liebenstein, die NATO, so versuchten sich Konsistorialpräsident Grünbaum und Oberkonsistorialrat Dr. Klewitz als Währungsschieber, um 400 000 DM — von Westberlin eingeschmuggelt — in neue Geldscheine umzutauschen.

Wir erklären unmißverständlich, daß wir nicht zulassen werden, daß Kirchen als Propagandalokale für die Kriegspolitik der NATO mißbraucht werden.

Wir kennen auch keine mildernden Umstände, wenn ein Pfarrer Hermann Günther aus Oppach, Kreis Löbau, versuchte, Geldscheine der DDR, zwischen die Seiten seines Gebetbuches geklebt, über die Grenzen unserer Republik zu schmuggeln.

Es ist uns Ernst mit der Glaubens- und Gewissensfreiheit, und wir führen keinen Kirchenkampf, aber auch Pfarrer sind Bürger unseres Staates und stehen nicht außer Recht und Gesetz. Ein Schieber bleibt ein Schieber, auch wenn er einen Talar trägt. Und einen Kriegshetzer werden wir als solchen behandeln, auch wenn er dazu die Kanzel mißbraucht.

*H*err Dibelius und einige seiner Kirchenführer versuchen, ihre Haltung mit der Trennung von Staat und Kirche in der DDR zu begründen. Besonders finanziell dränge man sie in eine Notlage. Das ist bewußt gelogen! In der Zeit von 1949 bis 1956 erhielt die Evangelische Kirche in der DDR allein über 111 646 000 DM als Staatszuschüsse zur freien Verfügung, ohne daß daran irgendwelche Bedingungen geknüpft oder Rechenschaftslegung gefordert worden wäre. Bis zu 45 Prozent der kirchlichen Ausgaben werden durch staatliche Mittel gedeckt. Außerdem bekam die Evangelische Kirche für den Auf- und Ausbau von Kirchen 1950 bis 1956 sechs Millionen DM und weitere 2 Millionen für die Beseitigung der Zerstörungen am Magdeburger Dom. 4 Millionen DM zahlen wir jährlich für die theologischen Fakultäten, weitere 1,6 Millionen an Stipendien für Theologiestudenten. Und die Professoren der Theologie erhalten ihre Gehälter nicht, wie Kirchenführer fälschlich behaupten, von der Kirche, sondern von unserem Staat.

Daß es der Evangelischen Kirche in der DDR keinesfalls an finanziellen Mitteln gebricht, wird auch dadurch bestätigt, daß Vertreter des Bischofs Dibelius aus Westberlin am 16. Oktober an unsere Behörden das Ansinnen stellten, 1,5 Millionen DM ungültig gewordene Banknoten, die sich unrechtmäßig in Westberlin befanden, umtauschen zu dürfen.

*W*enn die sooft zitierte finanzielle Not und Bedrängnis wie eine Seifenblase vor den Tatsachen zerplatzt, wo liegen aber dann die wahren Ursachen für den Kampf einiger Kirchenführer gegen unseren Staat? Das ist kurz gesagt: Unser Staat befreite die

Menschen aus materieller und geistiger Unterdrückung, lehrt die Menschen, nachzudenken über die Ursachen der Kriege und des Elends, sagt ihnen, daß Massenmord und Not keine gottgewollten Prüfungen darstellen, sondern das Werk einer dem Untergang geweihten Clique von Imperialisten sind. Daß unsere Kinder diese Erkenntnisse schon in der Schule und in den Jugendstunden gewinnen, ist denen ein Dorn im Auge, die, wie Dibelius und seinesgleichen, anstatt der Kirchenfahne das NATO-Banner in der Hand halten.

Gehäufte „Irrtümer"

Die am 5. November 1957 vom Ortsausschuß der Nationalen Front Nossen einberufene Versammlung hatte einen überfüllten Saal aufzuweisen. Zur Aussprache stand das Verhalten des Pfarrers Kohl zur Beerdigung einer Genossenschaftsbäuerin. Die Versammlung zeichnete sich durch Aufmerksamkeit und Disziplin aus. Allen Einwohnern war Gelegenheit gegeben, sich ein Bild von den wahren Zusammenhängen zu machen.

Der Versuch des Pfarrers Johne aus Rüsseina, mit seinen unsachlichen, provozierenden Reden das Thema der Versammlung zu verschieben, scheiterte. Ihm mußte mit aller Deutlichkeit erklärt werden, daß wir in der Deutschen Demokratischen Republik gegen jeden Kirchenkampf sind, uns aber nicht daran hindern lassen, unsere heranwachsende Jugend mit dem neuesten Stand der Wissenschaft und des Fortschrittes vertraut zu machen, wozu auch die Jugendstunden und die Jugendweihe dienen.

Seine Stellungnahme zu den Vorgängen in Nossen zeugten von wenig Sachkenntnis. Er hätte sich müssen vom Pfarrer Kohl, der es vorgezogen hatte nicht zu erscheinen, besser informieren lassen. Ihm, wie Fräulein Kohl, die von „Irrtümern" sprachen, gelang es nicht nachzuweisen, worin diese seitens Herrn Pfarrer Kohls bestanden haben sollen. Klargestellt wurde, und niemand konnte das widerlegen, daß durch das Verhalten von Pfarrer Kohl, insbesondere auch durch die Aushänge im Kirchenkasten, Unruhe in die Stadt gekommen war. Kann man noch von Zufall sprechen, wenn an anderen Stellen unserer Republik ähnliche Erscheinungen bemerkt werden? Wer hat daran ein Interesse?

Nachgewiesen wurde durch die unwiderlegbaren Ausführungen des Bürgermeisters der Stadt Nossen, daß Platzmangel für die Ablehnung der

Beerdigung nicht der Grund war. Ein Teil des Friedhofsgeländes wird zur Zeit noch landwirtschaftlich genutzt. Auch liegt bis zum heutigen Tage noch kein Antrag von der Kirchenbehörde auf Erweiterung des Friedhofes vor. Ebenso ist es Tatsache, daß in allen Sterbefällen, auch wenn sie sich häuften, die Gräber vom Totenbettmeister ausgehoben wurden. Ausgerechnet in diesem einen Fall sollte keine Zeit sein?! Ist das Zufall oder Irrtum?

Wenn man zunächst nicht gewußt haben will, daß es sich bei der Verstorbenen um eine aus der Kirche ausgetretene Person handelt, so steht dem entgegen, daß der Kreistagsabgeordnete Weigel, der mit dem Pfarrer Kohl verhandelte, in ganz Nossen dafür bekannt ist, daß er bei nichtkirchlichen Beisetzungen die Grabreden hält.

Als, um es gelinde auszudrücken, pietätlos muß man es bezeichnen, wenn Pfarrer Johne die Ruhestätten der Toten mit Hotels vergleicht. Ist das christliche Ethik? Mit Recht konnten die Vertreter des Instituts für Lehrerbildung nachweisen, daß es eine üble Verdächtigung ist, daß man die Täter, die die Scheiben am Aushangkasten der Kirche eingeschlagen haben, im Institut suchte. Es kam eindeutig zum Ausdruck, daß solche amerikanische Gangstermethoden bei uns verurteilt werden. Warum erfolgte aber keine Anzeige durch die kirchliche Behörde?

Die Einwohner von Nossen erwarten, daß sich solche „Irrtümer" nicht wiederholen. Der Ortsausschuß der Nationalen Front wünscht, daß jene Einwohner, die am 5. November um der Sensation willen anwesend waren, sich auch bei anderen Versammlungen sehen lassen und gute Taten für den Frieden, für das Nationale Aufbauwerk und für die Stärkung unserer Republik vollbringen.

F. R. Mann

Seit Ende Februar 59 keine Heizung mehr, Decken weggenommen, Anfang März Unterhemden weggenommen. Im Bett 4 Decken ohne eine Spur von Wolle, schwer, ohne Wärme. 6 Tote im Laufe des Winters 1958/59."

Eine Fürbittenliste der Braunschweigischen evangelisch-lutherischen Landeskirche vom 21. Oktober 1958 umfaßt 30 Namen verhafteter und verurteilter kirchlicher Amtsträger der DDR, bei denen die Strafen von 10 Monaten bis 12 Jahren reichen.

In Freiheit

Im November 1959 kommt ein Polizeiarzt in seine Zelle und spricht ihn freundlich mit „Strafgefangener Pfarrer Kohl" an. Das war verdächtig, denn hier gab es nur „Strafgefangene". Er untersuchte ihn gründlich und verabschiedete sich mit den Worten: „Ein kaputtes Herz bleibt kaputt. Da ist nichts mehr zu machen." Das ließ aufhorchen. Und tatsächlich: Am 22. Dezember 1959 wird er entlassen. Nicht seine Frau wird benachrichtigt, sondern sein Bischof. Ein Leutnant des Strafvollzuges sagt zu ihm: „Die DDR ist innerlich so gefestigt, daß sie auch Menschen wie Sie tragen kann."

Außer dem Entlassungsschein aus Bautzen bekommt er keinerlei Papiere. Weder er noch seine Familie hat je ein Gerichtsurteil zu sehen bekommen. Bei den Verhören in der Untersuchungshaft sagte ihm Sekretär Winkler der Staatsanwaltschaft Meißen: „Wir brauchten ein Schaf, und da haben wir Sie gefunden."

Mit einem Psalm der Freude und des Dankes teilte er seinen Freunden und Verwandten die wiedergewonnene Freiheit mit. Bei einer Flasche Sekt besprachen wir die zurückliegenden Geschehnisse und feierten das Wiedersehen.

Am 22. Januar 1960 stellte er einen Antrag auf Übersiedlung in die Bundesrepublik. Der Antrag wurde abgelehnt, da angeblich noch eine Bewährungsfrist bestünde, von der niemand je etwas erfahren hatte. Da aber Bespitzelung und Überwachung nicht aufhörten, entschloß sich das Ehepaar Kohl, aus der DDR in die BRD zu ziehen. Dies gelang Anfang Juli 1960. Seinen Kindern gegenüber betonte der Vater stets, daß er seine Verfolgungs- und Gefängniszeit ausdrücklich als die Krönung seines Seelsorger-Berufes verstanden habe, gemäß dem Herrenwort: „Haben sie mich verfolgt, werden sie auch euch verfolgen."

Pfarrer Ernst Willy Kohl starb am 17. Januar 1964 in Göttingen und liegt dort auf dem Hauptfriedhof begraben. Seine Frau entschlief am 13. Februar 1986 in Marburg (Lahn) und wurde ebenfalls in Göttingen beigesetzt. Heute leben noch 8 Kinder, 23 Enkel und 6 Urenkel.

Und nun ist für beide das Wirklichkeit geworden, was Johannes vorausgesagt hat: „Er wird jede Träne wegwischen von ihren Augen; der Tod wird nicht mehr sein, und nicht Trauer und Klage und Mühsal; denn das Frühere ist vergangen. – Siehe, ich mache alles neu."

Ein persönliches Nachwort

Es war meine Absicht, als Augenzeuge einen bescheidenen Beitrag zur Chronik der bösen DDR-Jahre zu leisten und Namen und Person Pfarrer Ernst Willy Kohls dem Totschweigen und Vergessen zu entreißen. Am 6. Dezember 1990 wäre er 100 Jahre alt geworden. Die 1000 Seiten Stasi-Akten berichten von den unzähligen Verhören, oftmals zweimal täglich. In den „Beurteilungen" wird seine „Verträglichkeit den Mitgefangenen gegenüber" und seine „Überheblichkeit gegen die Vernehmer" betont.

Am 22. 9. 1993 erklärt das Landgericht Dresden, daß „das Urteil des Bezirksgerichts Dresden vom 25. 5. 1958 für rechtsstaatwidrig erklärt und aufgehoben wird. Der Betroffene Willy Kohl ist damit rehabilitiert."

Es war nicht beabsichtigt, anzuklagen und neuen Haß zu schüren. Darum versuchte ich, die Namen der Drahtzieher, Scharfmacher, Hintermänner und Zuträger zu verschweigen. Einige Täter sind schon vor ihrem Opfer gestorben, mancher auf tragische Weise. Einige bedrückt zur Stunde tiefes Leid wegen ihrer eigenen Kinder. Die Witwe des Mannes, der das „Material" zusammentrug, um nachträglich aus dem Pfarrer einen Faschisten zu machen, wurde später von einem 15jährigen Jungen mit einem Brotmesser ermordet, weil er Geld brauchte.

Mein ist die Rache, spricht der Herr.

Johannes Grosse

Lieber Peter!

Du hast schon recht: Es ist nun wahrlich nicht mehr zu leugnen, daß wir langsam, aber sicher alt werden – wozu Du ja noch ein paar Jährchen mehr Zeit hast als ich. Mancherlei Abnutzungserscheinungen, Beschwernisse und Merkwürdigkeiten stellen sich ein. Und zu letzteren zählst Du auch den Drang, in der Vergangenheit herumzustochern und zu wühlen. Daß die Kinder wenig Verständnis dafür zeigen, kann ich Dir von meinen nur bestätigen: Jugend lebt in der Gegenwart und für die Zukunft. Und das, meine ich, ist gut so. Waren wir anders?

In Deinem letzten Brief fragst Du mich, ob ich mich noch an Deinen alten Deutschlehrer erinnern könne, ob ich ihn überhaupt gekannt habe und was ich von ihm wüßte: Dr. Johannes Grosse. Du nennst ihn „eine rätselhafte Gestalt" und kannst nicht ahnen, was Du mit dieser Frage bei mir ausgelöst hast. Sei nur froh, daß ich kein Romanschriftsteller bin! Trotzdem wirst Du es vielleicht noch bereuen. Es kann ein langer Brief werden, ich warne Dich!

Wie Du weißt, hat es 1945 viele „Flüchtlinge", „Vertriebene" oder, wie sie offiziell hießen, „Umsiedler" aus unserer Heimat in das kleine Städtchen Nossen in Sachsen verschlagen. Euch auch. Ich hatte nach der Kriegsgefangenschaft dort meine Mutter wiedergefunden und im Frühjahr 46 an der gerade eröffneten Oberschule mein Abitur gemacht. Da man nur einen prominenten Mann am Ort fand, der nicht in der NSDAP gewesen war, setzte man Professor Segnitz, einen Theologen, als Direktor ein. Er war ein weiser Mann, ein Christ, der seinen Glauben durch sein Leben predigte. Eine gütige Vater-Gestalt, wohl von allen Schülern verehrt. Das konnte nicht lange gutgehen. Deshalb wurde er bald durch einen strammen SED-Genossen ersetzt: Dr. Johannes Grosse. Nun hatte man endlich umgeräumt! Der neue Geist konnte eine neue Ordnung schaffen. Im Städtchen breitete sich Furcht aus.

Ich war inzwischen Lehrer an der Pestalozzischule, wie Du vielleicht noch weißt. Unser Direktor Schmidt warnte uns hinter der vorgehaltenen Hand vor dem „roten Giese", dem Leiter der Berufsschule. Dieser traute dem „roten Schmidt" nicht. Beide aber beobachteten argwöhnisch den „Kommunisten Grosse" – auch wenn alle drei am Mittwochnachmittag in unserer Aula bei der obligatorischen Gewerkschaftsversammlung Freundlichkeiten austauschen mußten. Als junger Deutschlehrer war ich verpflichtet, an einer Weiterbildungs-AG (Arbeits-Gemeinschaft) teilzunehmen, die Dr. Grosse leitete. Es hatte sich herumgesprochen, daß er außerhalb des Unterrichts in seiner Schule wöchentlich einen Literaturabend für die Schüler hielt, der offen für alle war, auch für uns. Dort gab er Einführungen in Werke moderner Autoren, deren Namen bei uns im Lande unbekannt waren, und die wohl kaum ein Lehrer unserer Schulen je zu nennen gewagt hätte, wenn er sie überhaupt kannte: Zuckmayer, Werfel, Hofmannsthal, Bergengruen, Böll, Dürrenmatt, Frisch, Kaiser, Kafka …

Die wißbegierigen und sehr interessierten jungen Leute lernten an jedem Abend einen Roman oder ein Drama kennen, nein, sie erlebten es. – Aber das weißt Du ja selbst. Grosse mußte in unseren Unterrichtsstunden hospitieren. Dann war er ein messerscharfer Kritiker. Und wir wurden in seine Stunden mitgenommen.

Deutsch in einer 12. Klasse. Wir sitzen im Halbkreis um die Schüler herum. Dr. Grosse diktiert: „Schreiben Sie: ‚Wenn im Jahre 2000 auf der Venus Menschen entdeckt werden …' Klammer auf! Eine philosophisch, politisch, geographisch, ökonomisch, ethische Studie, Klammer zu! – Dieser Hausaufsatz ist in drei Wochen abzugeben." Dann rief er einzelne Schüler auf: „Was werden Sie schreiben?"

Ich bin mir nicht sicher, lieber Peter, ob es nicht vielleicht Deine Klasse war?

Alle starrten ihn entsetzt an, oder sie blickten Hilfe heischend umher. Keiner gab eine Antwort. Grosse sah sich um. Nichts rührte sich. „Dann wollen wir doch einmal die Lehrer fragen. Kollege Heretsch, was würden Sie schreiben?" Alle Blicke waren auf mich gerichtet. Schadenfreude war mit Angst vermischt. Ich hatte keine Zeit zum Überlegen. Ich mußte etwas sagen: „Unser Direktor ist nun wirklich nicht mehr der Jüngste. Das merkt man am deutlichsten an seinen Aufsatzthemen. Aber man darf es ihm nicht übelnehmen, er ist immerhin …" Die Klasse prustete, kicherte, die Lehrer mit, und Grosse beendete die Stunde mit gestrengem Erzieherblick, hinter dem der Schalk hervorlugte.

Pfarrer
Johannes Grosse am
Reformationsfest 1957

Später las er uns die besten Aufsätze vor. Einige hatten einen Umfang von dreißig bis vierzig Seiten.

Es war mir ein Rätsel, wie dieser Mann ungestraft gegen alle Vorschriften und Regeln verstoßen und seine Schüler zu selbständigem und schöpferischem Denken anregen und erziehen konnte. Der Partei konnte das doch keinesfalls entgehen!

AG Deutsch im Juni. Wir arbeiteten über Goethes „Wilhelm Meister". Plötzlich begann er: „Meine Damen und Herren! Die Partei stellt sich mit Recht die Frage, wie es mit dem Weihnachtsfest weitergehen soll. Christliche Weihnachten, das ist mit einem atheistischen Staat unvereinbar. Also, verändern oder abschaffen? Es wurde eine Kommission gebildet, die das Thema erarbeiten und dem ZK Vorschläge unterbreiten soll. Man hat mich zum Vorsitzenden der Kommission ernannt. Nun sind Sie ja als Lehrer sozusagen alle vom Fach. Welche Meinung haben Sie denn dazu?"

Er lehnte sich in seinen Schreibtischsessel zurück, fuhr erst mit der Linken, dann mit der Rechten in seine schütteren weißen Haare, so daß sie gegeneinander zu Berge standen, hatte die Brille abgenommen und hielt den einen Bügel an die Lippen. So schaute er herausfordernd in unsere Runde. Erstarrung. Wer wollte, wer konnte so plötzlich dazu etwas sagen! Endlich ein Genosse: „Wenn wir Weihnachten abschaffen, laufen die Leute erst recht alle in die Kirche." Ich warf ein: „Ich bin für Abschaffung, was interessiert uns denn die Kirche!"

Aber mich hatte der Hafer gestochen. So schloß ich gleich an: „Ich verstehe nicht, weshalb das eigentlich heute noch ein Problem ist. Die Frage ist doch längst beantwortet: Man lese bei Adolf dem Großen nach, der hat es in seiner genialen Weise zum Julfest umfunktioniert. Daß der Mann dann gescheitert ist, war sein persönliches Pech. Das Julfest jedenfalls ist sein ureigenstes Verdienst, das man ihm nicht absprechen kann!"

Einige Damen versuchten, ihr Kichern zu unterdrücken. Die Genossen zischten. Nur Grosse schien unbeeindruckt zu sein. „Aber nun bleiben Sie doch mal ernst! Wie denken die anderen darüber? Sie werden doch eine Meinung haben!" – Schweigen. – Peinliches Schweigen, das mir schon zu lang wurde. Also griff ich wieder ein: „Kürzlich las ich von einer Weihnachtsfeier in einem Kriegsgefangenenlager für deutsche Soldaten in Ägypten. Eine riesige Baracke war dicht gefüllt. Es wurde vorgelesen, gesungen, gesprochen, und am Höhepunkt der Feier gab ein amerikanischer Offizier auf der Bühne (ich konnte ja nicht ‚Altar' sagen oder ‚Christmette') dem Engländer einen Friedenskuß, dieser gab ihn an den Franzosen weiter, dieser an den Polen, der Pole an einen Schwarzen und dieser an die gefangenen Deutschen. – Unsere Zeitungen sind voller Aufrufe zu Frieden, Völkerversöhnung und Völkerfreundschaft. Könnte das Weihnachtsfest nicht diesen Sinn bekommen, den es ja schon immer besitzt?"

Ich hatte beobachtet, daß Grosse mitschrieb, als ich sprach, auf den Knien schrieb er, nicht auf dem Schreibtisch.

„Herr Doktor", wollte einer wissen, „welches ist denn nun Ihre Meinung dazu?"

„Wir haben jetzt keine Zeit mehr dafür", blockte er scharf ab. „Bitte schlagen Sie auf ‚Wilhelm Meister', Seite …"

Als wir uns von ihm verabschiedeten, hielt er mich zurück: „Ich muß noch etwas mit Ihnen besprechen." – Nun waren wir allein. Was wollte er von mir? Hatte ich mich zu weit vorgewagt? Passierte es jetzt, was zu befürchten war?

Er saß und ich stand neben seinem Tisch. „Sagen Sie mal" – wieder hatte er den Brillenbügel am Mund und die Augen fast zusammengekniffen, „warum sind Sie denn immer so ironisch, so bissig? Das paßt doch gar nicht zu Ihnen. Ein junger Mensch muß doch optimistisch sein!" Seine Sprache wurde breit, Leipzig klang durch. Ich antwortete: „Ohne Ironie ist dieses Leben ja wohl kaum durchzustehen. Natürlich bleibt einem immer noch der Sprung von der Autobahnbrücke." Jetzt fuhr er mich scharf und streng an: „Dazu haben Sie kein Recht! Sie haben sich das Leben nicht gegeben, Sie dürfen es sich nicht nehmen!"

Das schlug bei mir wie ein Blitz ein: Wer war dieser Mann? Im Herbst saßen wir in seinem Amtszimmer. Gerade sollten wir mit Goethe anfangen, als einer die Frage stellte: „Herr Doktor, was ist eigentlich aus der Weihnachtskommission geworden?"

„Habe ich es noch nicht berichtet?"

„Nein."

„Aber Sie haben doch Grotewohl im Rundfunk gehört?"

Es stimmte. Ministerpräsident Otto Grotewohl hatte eine programmatische Rede gehalten, in der er angebliche westliche Meldungen scharf dementierte, wonach die DDR Weihnachten abschaffen wolle. „Rias-Enten", „Feindpropaganda", „Hetze" nannte er das. „Wir feiern christliche Weihnachten in der DDR!" hatte er in den Äther gerufen. – Es war mir tatsächlich aufgefallen, daß unsere Musiklehrerin nachmittags mit dem Schulchor „Tochter Zion", „Es ist ein Ros' entsprungen" und andere Lieder mehrstimmig übte, daß es durch das ganze Gebäude hallte. „Um Himmels willen, was machen Sie denn da!" hatte ich ihr erschrocken zugerufen. „Ja, haben Sie denn Grotewohl nicht gehört?" war ihre lakonische Antwort.

„Es wird wohl am besten sein, ich lese Ihnen mein Referat, das ich vor dem ZK gehalten habe, gleich mal vor." Ich wußte nicht, wie mir geschah. Hatte er doch meine „ägyptische Christmesse" ausgebaut und damit die Erhaltung des Weihnachtsfestes begründet. Und mit Erfolg, wie wir wußten. Dann schnitt er jede Meinungsäußerung sofort ab, wir hätten ohnehin schon viel zuviel Zeit verloren.

Erste AG im neuen Jahre. Wieder hielt er mich unter einem Vorwand zurück. „Habe ich Ihnen eigentlich schon meine Wohnung gezeigt?" Vom Amtszimmer kamen wir in seine Bibliothek. „Das hier ist Latein und Griechisch, dieser Schrank enthält die Germanistik, hier deutsche Literatur, hier die Philosophie, die Theologie ist zufällig etwas breit ausgefallen."

Ein neuer Schock: Neben zahlreichen Bibelausgaben entdeckte ich mit einem kurzen Blick Guardini und ein Schott-Meßbuch. Und schon hatte er mich in sein Wohnzimmer gezerrt. „Erschrecken Sie nicht, wir sind noch sehr altmodisch!" Ein riesiger Christbaum, geschmackvoll geputzt, davor eine große Krippe, konnte Oberammergau sein.

Niemals hätte ich es gewagt, ihm Fragen zu stellen, auch wenn sie mir auf der Zunge brannten. „Wie kommen Sie denn an diese Bücher …?" – Er war Parteisekretär, Vorsitzender der Deutsch-Sowjetischen Freundschaft und manches andere mehr. Zwar ging in unserer Gemeinde das Gerücht um, jemand hätte ihn in unserer Christnacht in der dicht gedrängten Menge gesehen. Ich hatte abgewinkt, weil ich von solchen Parolen nichts hielt.

Warum nur sprach er so gerne mit mir? Und das immer unter vier Augen. Einmal fragte er mich: „Haben Sie in der Zeitung von unserer großen Festveranstaltung der DSF gelesen?"

„Natürlich."

„Ich hatte alles gut organisiert, sogar ein Symphonieorchester bestellt. Die Teilnehmermasse bestand aus dem Vorsitzenden, einigen Kassierern und einer Handvoll Funktionären. Was sagen Sie zu meinem Erfolg?"

„Ich gratuliere!"

„Danke!"

Du erinnerst Dich, lieber Peter, sicher noch an die Dachkammer in der Schulstraße, in der ich mit Mutter und Schwester hauste. Obwohl der obere Flur kein elektrisches Licht besaß, fanden Freunde und Bekannte aus der alten Heimat auch im Finstern immer unsere Tür, um dann mit der stereotypen Frage einzutreten: „Wann kommen wir denn nach Hause?" – Weißt Du noch, wie ich damals bei diesem Satz am liebsten explodiert wäre?

Eines Abends klopfte es wieder. Als ich die Tür öffnete, stand ein mir unbekannter jüngerer Mann da: „Sind Sie Herr Heretsch?"

„Ja."

„Ich habe den Auftrag, Ihnen diesen Brief zu übergeben."

„Danke!"

„Aber wenn es möglich ist, sollte ich gleich eine Antwort mitbringen." Ich bat ihn herein, öffnete den Brief und las:

„Lieber Kollege Heretsch, darf ich Sie für morgen abend zu einem Teller Suppe zu uns einladen? Bitte kommen Sie nicht vor 21 Uhr und benutzen Sie den hinteren Privateingang.

Es grüßt Sie
Ihr J. Grosse"

Ich sagte sofort zu und führte den Herrn über die dunkle Treppe hinunter.

Am nächsten Abend wurde ich bereits an seiner Wohnungstür erwartet. „Hat Sie jemand gesehen?" – „Nein, ich glaube nicht." Nun lernte ich erstmals seine Frau kennen. Dann stellte er mir den Boten vor: „Das ist mein Pflegesohn Dr. Nielsen, Pfarrer der Herrnhuter Brüdergemeine. Er ist gerade bei uns zu Besuch."

Meine Verwirrung kannst Du Dir vielleicht vorstellen. Bei der Suppe – es war ja noch Hungerzeit – muß ich mich unmöglich benommen haben. Grosse hat es mir später in seiner ironischen Art unumwunden bestätigt. Wir saßen in den Sesseln um den runden Rauchtisch herum. Er hatte sich eine Zigarre angezündet, Dr. Nielsen auch. „Ich habe Sie zu mir gebeten, weil Sie die Wahrheit erfahren sollen. Ich stecke in einer gefährlichen Situation und habe keinen Menschen, der mir vielleicht helfen könnte, außer Ihnen. Wie mein Pflegesohn bin auch ich Herrnhuter Pfarrer." – Das schlug wie eine Bombe ein. „Wir Herrnhuter haben meist neben der Theologie auch Pädagogik studiert. Nach dem ersten Weltkrieg baute ich in Thum im Erzgebirge eine Realschule auf und wurde 1933 von

Hitler verjagt. Ich mußte mich verstecken und arbeitete die 12 Jahre des ‚Großdeutschen Reiches‘ im Sägewerk der Eltern meiner Frau in Ruppersdorf bei Herrnhut. Nur manchmal konnte ich in der Kirche aushelfen. Im September wurde ich als ‚Opfer des Faschismus‘ Kreisschulrat im Erzgebirge und zog wieder nach Thum. Dort leitete ich 1946 die Prüfungskommission des ersten Abiturs nach dem Kriege. Meine Ansprache vor der mündlichen Prüfung schloß ich mit den Worten: ‚Und so laßt uns mit dem Dichterwort Mörikes beginnen: Herr, dir in die Hände sei Anfang und Ende, sei alles gelegt.‘ – Da flog ich wieder raus. Aber 46 konnte man ein OdF* noch nicht fristlos entlassen. So wurde ich nach Nossen strafversetzt.“

„Wo ein Theologe den anderen verdrängte“, warf ich ein.

„Ja, aber wer wußte das schon! Ich will gerne bekennen, daß mir die Pädagogik immer etwas näher lag als die Theologie.“

„Und wie kommen Sie in die SED?“

„Ich war vor 33 in der SPD und fand mich plötzlich nach der Zwangsvereinigung in der SED wieder. Hier in Nossen mußte ich mich unter einer möglichst roten Tarnkappe verstecken. Ich wollte mit meinen 60 Jahren endlich einmal zur Ruhe kommen und seßhaft werden dürfen. Nun hat man mich ‚entlarvt‘. In nächster Zeit werde ich hier rausfliegen. Und ich weiß nicht mehr wohin. In den Schuldienst komme ich nie wieder. Und die Kirche wird mich roten Hund nicht aufnehmen. Nun wissen Sie alles. Sie sind hier der einzige Mensch, der mich wirklich kennt. Ich habe Vertrauen zu Ihnen, weil ich weiß, daß Sie Christ sind.“

Ganz langsam begann ich ihn zu begreifen. Welch ein Schicksal! In diesem Augenblick bot er mir sein brüderliches Du an, und ich schlug in die dargebotene Hand ein,

---

OdF = Opfer des Faschismus

verunsichert und beschämt, denn ich hatte ihn auch gefürchtet, hatte ihm mißtraut und ihn belauert wie alle anderen.

Dies war, lieber Peter, die Geburtsstunde einer Freundschaft, die uns beiden zu einem kostbaren Geschenk wurde. Und ich bin froh, daß ich mich heute öffentlich dazu bekennen kann.

Ich erinnere mich noch genau, wie ich Johannes und seiner Frau bei den nächsten „Suppen-Gelagen" aus meinem damaligen Lieblingsbuch „Fahnenflucht" von August Scholtis vorlas, das gerade 48 erschienen war:

„Der Staat ist alles, das Individuum dagegen nichts, sagen philosophische Professoren, medizinische Doktoren und Zuchthäuser bewachende Kalfaktoren. Der moderne Staat, jene Mechanik einer vom Bösen dirigierten Organisation. Seine stupide Bürokratie ist unser nichtswürdiger Herr. Borniertheit ist es, die uns frech ins Antlitz speit, wie zu Zeiten feudaler Leibeigenschaft. Hohn auf die Wahrheit ähnlich der Inquisition. Kontrollierend unser Sein. Rationierend unsere Ernährung. Karikierend die Christenheit mit deren Halbgeschwistern Humanismus und Demokratie. Bastardierend diese göttliche Dreieinigkeit zu raschelndem Papier. Zum Formular, das sich auftürmt in aller Welt gleich jenem Turm zu Babel. Zum Programm, welches das Individuum mit Plakaten zermalmt, es mit Spruchbändern, Phrasen und Kunstkniffen erstickt und mit dummdreisten Aphorismen einer mathematischen Spottgeburt vernichtet."

Und wie sehr haben doch erst die nächsten Jahrzehnte August Scholtis recht gegeben!

Es kam, wie Johannes Grosse vorausgesehen. Er wurde fristlos entlassen. Anlässe fanden sich in solchen Fällen immer: Man erfand sie einfach. Er war der erste, dann jagte man Giese, den Berufsschullehrer, davon und am

Schluß Schmidt von der Pestalozzischule, obwohl auch er Opfer des Faschismus war. Alle drei dachten gleich humanistisch und antifaschistisch. Sie hatten Angst voreinander. Meine Interventionen bei ihnen prallten an ihrem Mißtrauen ab. Sie wurden von ihrer eigenen Partei liquidiert. Die Revolution fraß ihre Kinder.

Ich machte mich sofort auf den Weg zu den evangelischen Pfarrhäusern der Umgebung, wo ich um gut Wetter für Johannes Grosse bettelte. Die meisten kannten ihn oder glaubten wenigstens, ihn zu kennen. Sie fürchteten ihn und versuchten, mich vor ihm zu warnen. Ich konnte sie verstehen. „Wir werden uns doch keine Laus in den Pelz setzen!" sagten sie. Schließlich wurde es möglich, daß er eine Aushilfspfarrstelle in Rositz bekam, dann aber bald nach Thüringen zu Bischof Mitzenheim ging und am 1. November 1951 Gemeindepfarrer in Neunhofen an der Orla wurde. Dort feierte ich mit ihm und seiner Frau Silvester und Neujahr. „Na, wie gefalle ich dir?" fragte er spitzbübisch, als er erstmalig im Lutherrock vor mir stand, „der rote Hund mit Beffchen!"

Es war schon ein merkwürdiges Gefühl, neben ihm zur Kirche zu gehen und unter der Kanzel inmitten der Gemeinde seiner Jahresschlußpredigt zu lauschen, die mir viel zu gelehrt für seine schlichten Dorfleute vorkam, was ich ihm auch nachher sagen durfte.

Im Sommer zeltete ich mit einer Jugendgruppe in seinem Pfarrgrundstück, wo wir von seiner liebenswürdigen Frau mit Rührei und Wurst verwöhnt wurden.

Nach 10jähriger Amtszeit fand er in Eisenach eine Ruhestandswohnung. Dort unterrichtete er noch zukünftige Theologen in Latein und Griechisch. Und da ich fast jedes Jahr in den Ferien mit meinen Schülern eine Studienreise zu den historischen Orten des Christentums nach Thüringen unternahm, bekamen sie stets in Eisenach für einen Nachmittag Stadturlaub, und ich besuchte Johannes und seine Frau.

Diese Stunden wurden immer zu einem kleinen Fest, auf das sich die beiden schon das ganze Jahr freuten.

Die Anrede in seinen Briefen lautete immer ‚L. E.', d. h. ‚Lieber Erwin' und die Unterschrift ‚Hä + Ha', d. h. ‚Häsel und Hans'.

Bald ging seine Frau heim und wurde von Bischof Hasting in Herrnhut beigesetzt. Nun begann für ihn die Zeit der schlimmen Einsamkeit. Ich bemühte mich, Bekannte zu finden, die ihn besuchten. Auch schrieb ich ihm jetzt noch öfter. Aber seine Post war von Trauer und Todessehnsucht geprägt.

Mit stets wachsender Sorge verfolgte ich das Schicksal seines Pflegesohnes Dr. Nielsen, der inzwischen als Herrnhuter Bischof in Südafrika tätig war und sich mit seiner Familie in größter Lebensgefahr befand. „Ich flehe ihn an zurückzukommen", berichtete mir Johannes. „Aber er schreibt, er müsse für seine schwarze Gemeinde dasein und könne sie nicht im Stich lassen, gerade weil er ein Weißer sei."

Du weißt, lieber Peter, von meiner Freundschaft mit Pater Gereon Goldmann, dem „König der Lumpensammler von Tokyo". Ich schickte Johannes dessen Briefe zum Lesen und versprach ihm, wenn es einmal gelingen sollte, daß Pater Gereon mich besuchen kommen dürfe, daß wir ihn dann selbstverständlich auch überfallen würden. Denn nach Eisenach wollte er ja unbedingt, da seine erste Holzkirche in den Slums von Tokyo-Itabashi „St. Elisabeth" heißt. Ich berichtete Johannes auch von dessen vergeblichen Versuchen, unser Land zu betreten: Trotz gültiger in der DDR-Botschaft in Tokyo ausgestellter und mit Dollars bezahlter Einreisepapiere wurde er an der Grenze zurückgeschickt. Es war also nicht sicher.

Aber wenn es einmal klappen sollte, dann wollten wir zu ihm kommen.

Seinen Antwortbrief besitze ich noch: „Das kommt überhaupt nicht in Frage! Du bringst ihn nicht her! Das verbiete ich Dir! Ich bin nicht würdig, daß dieser Mann unter mein Dach tritt."

Eines Tages, im Glutsommer 1976, durfte ich Pater Gereon Goldmann in Berlin an der Friedrichstraße abholen. Zwei Tage vorher war noch eine schriftliche Ablehnung gekommen – ohne Begründung natürlich, wie wir es gewohnt waren. Und nun hatten sie ihn trotzdem durchgelassen – ohne Kontrolle. Ich unternahm mit ihm eine Rundreise durch die DDR. Auf dem Rückweg von der Wartburg erzählte ich ihm die Geschichte von Johannes Grosse und zitierte sein Verbot. „Was machen wir jetzt?" fragte ich meinen Freund Gereon. „Ich bleibe im Auto, und du besuchst ihn."

An der Haustür, die immer verschlossen war, mußte man läuten. Oben im 3. Stock wurde ein Fenster geöffnet, ein weißer Kopf erschien, und dann surrte der Türöffner. Ich stieg hinauf. Hast du wieder Schüler mit?"

„Nein."

„Aber du hast doch jemanden im Auto unten!"

„Ja."

„Und warum bringst du ihn nicht mit rauf und läßt ihn in der Hitze sitzen?"

„Geht nicht."

„Warum geht das nicht?"

„Weil du es mir verboten hast."

Seine verkniffenen Augen weiteten sich, das Gesicht schien zu verkrampfen. Er starrte mich an: „Du – du bist verrückt, du bist wahnsinnig! – Geh, hol ihn rauf!"

Als wir dann beide oben angelangt waren, hatte er sich bereits wieder gefangen und seine Ergriffenheit hinter der Maske der ihm eigenen Frechheit versteckt: „Eigentlich" – und diese Begrüßung klang fast unverschämt – „wollte ich ja allein mit meinem Freund Erwin über mein Sterben und meinen Tod sprechen." – „Ach, weißt du", warf ich ein, „da ist Pater Gereon viel geeigneter als ich, denn er ist dem Tod schon sehr oft hautnah begegnet, immer aber wieder entwischt."

Bald saßen wir an dem runden Rauchtisch. Johannes berichtete vom Sterben seiner Frau und von seinen eigenen Ängsten.

Er hatte mir brieflich die Frage gestellt: „Glaubst du an die Auferstehung? Werde ich meine Häsel wiedersehen?" Ich hatte ihm Stellen aus dem Evangelium zitiert, da war er richtig böse geworden: „Das weiß ich selber, was dort steht. Ich will von Dir wissen, was Du glaubst." Und so, wie ich brieflich meinen Glauben bekennen mußte, so tat es jetzt auch der Franziskanerpater Gereon. Es wurde unser letztes, vielleicht tiefstes Gespräch.

Oft hatte ich in der katholischen Kirche in Herrnhut Bildungsabende für Eltern gehalten. Stets war Bischof Hasting dabei. Als ich ihn und seinen gelähmten Schwager anschließend mit dem Wagen nach Haus brachte, sprachen wir auch über Johannes Grosse. Schmunzelnd berichtete der Bischof: „Er hat seine gesamte Beerdigung bereits schriftlich ausgearbeitet. Sie liegt schon bei mir. Wer die Predigt halten soll, welche Lieder und in welcher Reihenfolge die einzelnen Strophen gesungen werden sollen. Und bei dem Auferstehungslied müssen unbedingt die drei Töne angehängt werden. Die Noten sind beigefügt."

Es dauerte nicht mehr lange, da fanden wir uns Anfang Oktober 1977 im Betsaal von Herrnhut zur Beerdigung zusammen. Bischof Hasting, wenige Verwandte der verstorbenen Frau und ein Freund.

Der Posaunenchor begleitete den bescheidenen Trauerzug zum Friedhof hinauf und blies das Lied nach dem Wunsch des Verstorbenen. Wie vielen Menschen, dachte ich, war er doch in seinem langen Leben Lehrer, Erzieher, Verkünder, Seelsorger und Vater gewesen! Und keiner von ihnen geleitete ihn nun mit zur Ruhe. Der Herr über Leben und Tod möge ihm in Seinem Reiche alles vergelten!

Nun liegt er auf seinem geliebten Hutberg. Jedes Jahr besuche ich sein Grab.

Ich hatte Mühe, in diesem Jahr den dichten Efeu zur Seite zu schieben, um den Namen lesen zu können. Und das Motto seiner Beerdigung, das er selbst bestimmt hatte und das in den flach liegenden Grabstein eingemeisselt ist:

„Sei getrost, mein Sohn, deine Sünden sind dir vergeben!"
(Mt 9,2)

Das Motto seines Lebens und Sterbens.

Vergib mir diesen langen Brief und sei gegrüßt von Deinem
Erwin

Meine Begegnung
mit dem Ex-Außenminister der DDR

Berlinern im Erzgebirge fällt auf

Der Saal des St.-Anna-Heimes hatte sich mit Jugendlichen gefüllt. Wie gut, daß die katholische Gemeinde von Annaberg-Buchholz dieses Altersheim besaß, eine ehemalige Gaststätte mit einem Tanzsaal! Es mögen an die zweihundert gewesen sein, die mit mir sangen, diskutierten und gespannt zuhörten: Dekanatstag der Jugend.

Bei strahlendem Sonnenschein waren sie angereist, und als sie in der Pause ins Freie wollten, gab es einen Wolkenbruch. Nichts Ungewöhnliches in dieser Gegend.

Ich blieb in der geöffneten Haustür stehen. Um mich herum Gespräche in einer Variante des Sächsischen, dem Erzgebirgischen. Man lernt es mit der Zeit, daß Sächsisch nicht gleich Sächsisch ist.

Vor mir ein Junge, der sich ausnahm wie ein weißer Rabe. Seine Sprache klang fast berlinerisch.

„Wo kommst du denn her?" fragte ich ihn.

„Aus Schönebeck."

„An der Elbe?"

„Ja."

„Bist du hier zu Besuch?"

„Nee, ich bleib jetzt da."

„Wo denn?"

„Bei meiner Mutter."

„Und wo warst du bis jetzt?"

„Bei Jenossen."

„Und deine Mutter?"

„Die war bis jetzt im Jefängnis."

„Wie lange denn?"

„Sieben Jahre."

„Und dein Vater?"

„Sitzt noch."

„Wie lange denn?"

„Fünfzehn Jahre."

„Massenmörder?"

„Nee, er ist zu hoch gestiegen, da ist er so tief gefallen."

„Wie heißt du denn?"

„Christian Dertinger."

„Und du gehst jetzt hier zur Schule?"

„Ja."

„Und was willst du denn mal später werden?"

„Ich werde Jura studieren, um das Unrecht zu rächen, das meinem Vater und uns allen angetan wurde."

Wer war Georg Dertinger?

Im Wechsel mit seiner haftentlassenen Mutter durfte Christian nun seinen Vater vierteljährlich in Bautzen besuchen. Auf der Hin- und Rückfahrt machte er bei uns in Dresden Station. So erfuhren wir die ganze Tragödie:

Georg Dertinger, der erste und einzige CDU-Außenminister der DDR, hatte am 6. Juli 1950 in Zgorzelec, dem östlichen Stadtteil von Görlitz, in der ehemaligen „Ruh-

Georg Dertinger

meshalle" den Vertrag über die „Oder-Neiße-Friedensgrenze" unterzeichnet, der am 28. November 1950 in Kraft trat. Am 30. Dezember 1952, fünf Tage nach seinem 50. Geburtstag, wurde ihm in der Polnischen Diplomatischen Mission in Berlin die wohl höchste Auszeichnung des polnischen Staates, das „Kommandeurkreuz mit dem Stern des Ordens Polonia restituta" verliehen.

Zwei Wochen später konnte man im Zentralorgan der CDU, der „Neuen Zeit", die lakonische Meldung lesen: „Am 15. Januar 1953 wurde Georg Dertinger von den Organen der Staatssicherheit festgenommen. Die Festnahme erfolgte auf Grund seiner feindlichen Tätigkeit gegen die DDR, die er im Auftrage imperialistischer Spionagedienste durchführte." Sofort – ohne daß überhaupt ein Gerichtsverfahren stattgefunden hatte – verurteilte ihn das „Erweiterte Sekretariat seiner Partei": „In seiner Eigenschaft als stellvertretender Parteivorsitzender und Außenminister der Republik hat er schändlichen Verrat an der Partei und den hohen Zielen unseres nationalen Kampfes um Einheit und Frieden geübt."

Nach 18monatiger Untersuchungshaft verurteilte ihn das Oberste Gericht der DDR in einem Geheimprozeß nach stalinistischem Muster zu 15 Jahren Zuchthaus, seine Frau zu 8 Jahren, seine Sekretärin, Frau Ilse-Ruth Bubner, zu 11 Jahren und seine Referentin zu 3 Jahren Zuchthaus. Mit Wissen und Billigen des Ministerpräsidenten Otto Grotewohl hatte Georg Dertinger Kontakte zu ehemaligen Journalistenkollegen der Bundesrepublik geknüpft. Es ging um Vorbereitungen zur deutschen Einheit. Bei Ulbrichts Moskau-Besuch im Dezember 1952 wurden die Weichen, die zur Einheit führen sollten, von Stalin demontiert. Trotzdem ließ man Grotewohl weitermachen, um mit Dertinger die CDU auszuschalten. Sie hatte von nun an keine Bedeutung mehr in der DDR.

Sippenhaft

Christian berichtete: „In der Nacht zum 15. Januar 1953 wurden wir alle aus unseren Betten geholt: Großmutter, die zufällig bei uns in Kleinmachnow zu Besuch war, schaffte man mit Mutter zusammen in das Untersuchungsgefängnis Hohenschönhausen. Vater verhaftete man in seiner Dienstwohnung in Pankow. Auch er kam nach Hohenschönhausen. Rudolf, meinen fünfzehnjährigen Bruder, Oktavie, meine dreizehnjährige Schwester, und mich – ich war damals achteinhalb Jahre alt – sperrte man zunächst in den Amtssitz unseres Vaters in Pankow ein. Wir wurden von der Stasi bewacht und durften das Gebäude nicht verlassen. Im März wurden meine Geschwister in den Jugendwerkhof Bräunsdorf bei Freiberg eingeliefert.

Nach den Ereignissen des 17. Juni brachte man mich zu einem kinderlosen SED-Ehepaar nach Schönebeck an der Elbe. Man teilte mir mit, daß ich nicht Dertinger, sondern Müller hieße, meine richtigen Eltern tot seien und Dertingers mich nur adoptiert hätten. Von nun an hieß ich Müller.

Als mein Bruder 16 Jahre alt geworden war, wurde er zu einer dreijährigen Jugendhaftstrafe wegen ‚Spionage‘ verurteilt, die er im Jugendgefängnis Dessau zu verbüßen hatte. Meine Schwester wurde ohne Gerichtsurteil 16 Monate in Karl-Marx-Stadt in ‚Schutzhaft‘ gehalten. Beide sind eines Tages nach Westdeutschland geflohen, wo sie von der Kirche Starthilfe erhielten.

In der Schule hatte ich gelernt, daß es bei Hitler so etwas wie ‚Sippenhaft‘ gab.

Da Großmutter aber – sie ist die Mutter meiner Mutter – die österreichische Staatsbürgerschaft besaß, gelang es ihr, Kontakt mit ihrer Botschaft aufzunehmen. Dort bekam sie Hilfe. Man mußte sie entlassen und ihr sogar

Haftentschädigung zahlen. Nach Annaberg-Buchholz entlassen, verlangte sie, daß ich sie in den Schulferien besuchte. Der Annaberger Kaplan erteilte mir dort Religionsunterricht, und in den Ferien durfte ich zur ersten hl. Beichte und zur Erstkommunion gehen.

Im November 1960 kam Mutter aus dem Zuchthaus, und da ihr das Erziehungsrecht nicht abgesprochen worden war, konnte sie es durchsetzen, daß ich zu ihr kam. Und ich durfte wieder Dertinger heißen."

Glücklich, sich wiedergefunden zu haben. Frau Dertinger nach ihrer Haftentlassung mit ihrem jüngsten Sohn Christian

Bautzen

Georg Dertinger saß in Bautzen, das durch sein „Gelbes Elend" eine gewisse berüchtigte Berühmtheit erlangt hatte. Die Kinder lernten es schon in der Schule, daß hier auch

Ernst Thälmann eingekerkert war. Und wer von der Autobahn in Bautzen abbiegt, kann noch heute den gelb gestrichenen Gebäudekomplex mit dem spitzen Giebel der Gefängniskirche entdecken.

Es gab aber auch Bautzener Bürger, die das „Schweigelager Bautzen II", die Sonderstrafanstalt des Ministeriums für Staatssicherheit, auch „Mielkes Privatgefängnis" genannt, im Zentrum ihrer Stadt überhaupt nicht kannten, vielleicht von dessen Existenz gar nichts wußten. Man kann täglich daran vorbeigehen, ohne zu ahnen, was sich hinter der Mauer an der Siegfried-Rädel-Straße (heute Weigangstraße) verbirgt. Die verblendeten Fenster gehen alle nach dem Innenhof. Und wer im langen Flur des Kreispolizeiamtes stundenlang vor irgendeinem Zimmer der Verkehrspolizei oder der Meldestelle Schlange stand, bemerkte höchstens die weiß gestrichenen Fensterscheiben, die den Blick auf das gegenüberliegende Gebäude verwehren sollten. Gefragt hätte dort niemand, denn hier regierte die Angst vor dem übermächtigen Staatsapparat. In diesen Gängen wurde geschwiegen.

In jenen Jahren hatte ich oft junge Leute, meist Studenten, die ich als Tramper auf den Autobahnen mitnahm, nach Georg Dertinger gefragt. Keiner kannte ihn, keiner wußte um sein Schicksal. Der Staat hatte ihn zur Unperson gemacht, jener Staat, dem er mit all seiner Kraft gedient hatte.

Kennzeichnend mag aber auch jener Witz sein, der damals in gewissen Bevölkerungsschichten hinter vorgehaltener Hand kolportiert wurde:

In Bautzen werden drei Häftlinge zusammen in eine Zelle gesperrt. Sie beginnen, sich gegenseitig zu beschnüffeln: „Warum bist du hier?" wird der erste gefragt.

„Ich hatte schlecht über den Außenminister gesprochen."

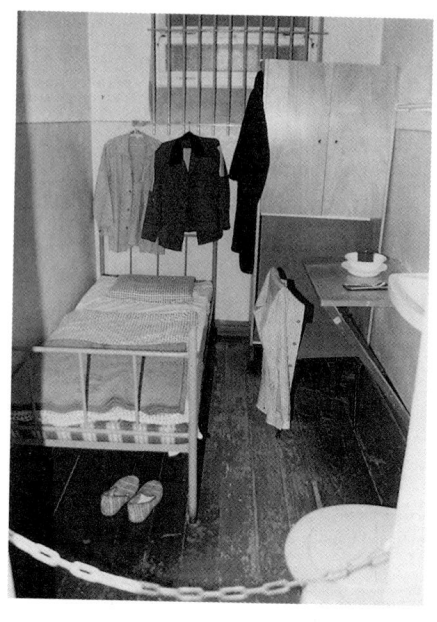

Eine „rekonstruierte"
Zelle in Bautzen

„Und du?"

„Ich habe über den Außenminister gut gesprochen."

„Und du?"

„Ich bin der Außenminister."

Es war uns nur möglich, Christian außer herzlichen Grüßen und guten Wünschen eine Schachtel Westzigaretten für seinen Vater mitzugeben, wenn er ihn besuchen durfte. Mehr konnten wir für ihn nicht tun. Trotzdem war es gelungen, daß alle Neuerscheinungen des St. Benno-Verlages an Georg Dertinger geschickt wurden und auch wirklich ankamen. Er durfte sie in seiner Zelle aufbewahren, mußte aber einen Revers unterschreiben, daß er bei einer etwaigen Entlassung alle Bücher der Anstaltsbibliothek überlassen würde. Wir lachten damals darüber, denn wir waren davon überzeugt, daß sie in der Heizung landen würden. Eines Tages kam Christian vom Besuchstag

zurück und berichtete: „Vater dankt herzlich für die guten
Zigaretten. Aber jetzt braucht er keine mehr. Er hat sich das
Rauchen abgewöhnt. Nun hat er eine Bitte: Er möchte gern
Kontakt zu einem katholischen Priester bekommen. Könnten Sie ihm den vermitteln? Vater ist ja evangelisch und hat
seit seiner Verhaftung an keinem Gottesdienst teilnehmen
und mit keinem Geistlichen sprechen dürfen."

Einzelhof
für den „Freigang"

Ich intervenierte sofort bei unserem damaligen Bischof
Dr. Otto Spülbeck, dieser beim Staatssekretär für Kirchenfragen. Daraufhin erhielt ich die Antwort: Der Strafgefangene müsse selbst den Antrag auf Seelsorge stellen. Die
Nachricht ging an Christian und beim nächsten Besuch
an seinen Vater. Ein Vierteljahr später erfuhr ich: „Vater
hat sofort den Antrag gestellt. Aber bis heute ohne Erfolg."
Ich reiste zum Bischof, dieser zum Staatssekretär. Aber
wiederum blieb jede Reaktion aus.

Der Gefängnisseelsorger erzählt

Pfarrer Benno Spittank von Storcha war offiziell der Gefängnisseelsorger von Bautzen. Als ich ihn Monate später traf und nach seiner Seelsorgsarbeit befragte, gab er mir unter vier Augen folgende Auskunft. „Ich habe die Erlaubnis, alle zwei Monate im ‚Gelben Elend' die hl. Messe zu feiern. Mehr als 8 Häftlinge dürfen nie teilnehmen. Sie werden von der Wachmannschaft bestimmt und ständig gewechselt. Es ist mir untersagt, mit einem Gefangenen zu sprechen. Selbst wenn ich einen in die Sakristei bitte, der mir beim Ankleiden und Vorbereiten des Altares helfen soll, steht immer der Posten daneben. Beichte ist verboten. Also halte ich eine Bußandacht mit Generalabsolution. Während des ganzen Gottesdienstes steht der Posten mit der Maschinenpistole neben dem Altar und beobachtet die Häftlinge. Predigen ist erlaubt. Das nutze ich selbstverständlich voll aus. Als aber das Konzil die Liturgiereform beschloß und für die gesamte Weltkirche als verbindlich anordnete, hielt ich im Gefängnis an der lateinischen Meßform fest. Ich bestehe darauf, mindestens einen Meßdiener zur Seite zu haben. Dem kann ich beim Stufengebet Nachrichten über seine Familie zukommen lassen. Laut bete ich: ‚Confiteor Deo omnipotenti, beatae Mariae semper virgini' – flüsternd füge ich ein: ‚Ihre Frau ist aus dem Krankenhaus entlassen' – ‚beato Michaeli Archangelo, beato Joanni Baptistae – Es geht ihr gut – Sanctis Apostolis Petro et Paulo – sie läßt herzlich grüßen und betet für Sie – omnibus Sanctis …'
Kürzlich stieg ich gegen 19 Uhr im Kloster Marienstern aus dem Trabi, um bei der Kolpingsfamilie von Panschwitz-Kuckau einen Vortrag zu halten. Hinter mir bremste ein Wartburg, dem zwei Herren in Ledermänteln entstie-

gen. Sie fragten mich, ob sie mich sprechen könnten. ‚Bitte schön‘, sagte ich.

‚Können wir in Ihre Wohnung gehen?‘ Ich dachte nicht daran, mit denen die Räume des Klosters zu betreten. ‚Ich wohne in Storcha und bin nur zu einem Vortrag hier.‘

Sollte die Stasi tatsächlich nicht wissen, wo ich wohne? ‚Wir können uns auch hier im Freien unterhalten. Es ist ja ein herrlicher Abend‘, schlug ich vor. Den Herren schien mein Angebot gar nicht zu gefallen, und es wurde ihnen merklich unbehaglicher, als immer mehr Kolpingsbrüder grüßend an uns vorbeizogen. Nun aber blieb ihnen nichts anderes übrig, als ihre Angelegenheit in aller Öffentlichkeit zu erledigen – wo sie doch sonst das Licht so scheuten.

‚Können Sie morgen vormittag in die Strafvollzugsanstalt kommen?‘ ‚Selbstverständlich‘, sagte ich und dachte, was das wohl für ein staatspolitisch brisanter Geheimauftrag sein mochte. Und als die Zeit vereinbart war, zogen sich die Ledermäntel diskret zurück.

Am nächsten Morgen fuhr ich nach Bautzen zur Haftanstalt II. Vorsorglich hatte ich alles zur Spendung der Sakramente eingepackt, auch die hl. Kommunion. Man führte mich in einen vollständig kahlen und leeren Raum, der weder Tisch noch Stuhl enthielt. Ich mußte stehend warten, bis ein verhältnismäßig junger Mann eintrat. Er war in Zivil, ein wenig vorgebeugt, aschgrau im Gesicht. Er nannte seinen Namen und sagte, er sei westdeutscher Journalist und hier schon über 10 Jahre in Haft, von aller Welt abgeschnitten. Er sei praktizierender Katholik und habe alle die Jahre vergebens beantragt, an einem Gottesdienst teilnehmen zu dürfen oder wenigstens einen Priester sprechen zu können. Seine Eingaben seien nicht einmal beantwortet worden. Er habe den Eindruck, wer hier erst einmal gelandet sei, könne getrost mit dem Leben abschließen.

Er sei schon aus der Liste der Lebenden gestrichen. Nun habe er Krebs und müsse operiert werden. Dem Gefängnisarzt habe er erklärt, daß er jegliche medizinische Behandlung ablehne, wenn er nicht die Möglichkeit bekäme, bei einem katholischen Priester zu beichten.

Es ist schon ein eigenartiges Gefühl, in einem Raum stehend die Beichte zu hören und zugleich zu wissen, daß die Wände mit Mikrophonen gespickt sind. Wir bemühten uns, so leise wie möglich zu flüstern. Dann spendete ich ihm noch die hl. Kommunion und den Segen.

Als er getröstet und gestärkt den Raum verlassen hatte, trat ein älterer weißhaariger Mann ein, ebenfalls in Zivil. ‚Mein Name ist Dertinger. Ich möchte Sie bitten, mich in die katholische Kirche aufzunehmen. Wenn ich hier vielleicht auch nie herauskomme, so möchte ich doch wenigstens als Katholik sterben.'

Ich war betroffen. Was sollte ich tun?

‚Herr Dertinger, so einfach ist das gar nicht. Es gibt da Vorschriften. – Sie müßten erst Unterricht erhalten, um den katholischen Glauben richtig kennenzulernen.'

‚Herr Pfarrer, ich glaube, schon einiges zu wissen und zu kennen. Ich bin mit einer katholischen Frau verheiratet und habe drei katholische Kinder. Seit Jahren habe ich Gelegenheit, alle Neuerscheinungen des St. Benno-Verlages studieren zu können. Ich darf sie sogar in meiner Zelle aufbewahren, vom jährlichen ‚Theologischen Jahrbuch' über die Werke von Romano Guardini bis zum ‚Katholischen Hausbuch'. Diese Bücher stellen für mich in meiner Einsamkeit einen Wert dar, der kaum zu beschreiben ist. Je tiefer ich in die Welt des Glaubens eindringen durfte, um so drängender wurde mein Wunsch, katholisch zu werden.'

Im anschließenden Gespräch spürte ich seinen tiefen Glauben und erkannte mit Beschämung, daß er manches besser und genauer wußte als ich. So sah ich mich gezwungen, dort in der Bautzener Haftanstalt Georg Dertinger in die katholische Kirche aufzunehmen. Er war ja getauft. Nun durfte er das Bußsakrament und die hl. Kommunion empfangen. Wir trennten uns in einem großen Glücksgefühl der Brüderlichkeit und der Zusammengehörigkeit.

Ich habe ihn in Bautzen nie wieder gesehen. Er bekam auch später keine Erlaubnis zum Gottesdienstbesuch."

Nach der Entlassung

Am 26. Mai 1964 wurde der bereits kranke Georg Dertinger durch sogenannten „Gnadenerlaß" in Freiheit gesetzt, nachdem er schon einen Monat vorher in das Bergarbeiter-Krankenhaus Stollberg eingewiesen worden war. Dort erfolgte eine lebensrettende Gallenoperation buchstäblich in letzter Minute.

Ich war wieder einmal im St.-Anna-Heim in Annaberg-Buchholz, diesmal zum Dekanatstag der Männer. Am Rande dieser Veranstaltung kommt ein weißhaariger Mann auf mich zu: „Mein Name ist Dertinger. Ich möchte die Gelegenheit nutzen, um mich bei Ihnen von Herzen zu bedanken." „Wofür denn? Die Zigaretten hatte ich auch geschenkt bekommen. Und ich bin Nichtraucher."

„Nein, nein, Ihnen verdanke ich es doch ganz wesentlich, daß ich den Weg zur Mutter Kirche gefunden habe."

Verlegenheit und Beschämung verschlugen mir die Sprache. Unsere erste und einzige Begegnung endete in einem langen und festen Händedruck.

Nach Jahren wurde ein Freund von mir „wegen versuchter Republikflucht" in „Bautzen II" eingeliefert und ein Jahr später vom Westen ausgekauft. Durch ihn erfuhr ich, daß die Bücher aus dem St. Benno-Verlag tatsächlich noch in der Anstaltsbücherei ausleihbar waren, obwohl es ja bekannt war, daß öffentliche Bibliotheken dieses Sortiment nicht besitzen durften.

Georg Dertinger konnte noch einige Jahre als Mitarbeiter des St. Benno-Verlages tätig sein. Am 21. Januar 1968 verstarb er in Leipzig.

„Ein wahrer Märtyrer", sagt Stanislaw Jerzy Lec, „ist der, dem man sogar diesen Titel verweigert."

Nachwort

Kurz vor Weihnachten des Wendejahres 1989 wurden die letzten politischen Häftlinge in Bautzen II entlassen. Nachdem die restlichen Kriminellen nach Bautzen I überführt worden waren, wird Bautzen II im Januar 1992 vom Justizministerium des Freistaates Sachsen geschlossen. Der sächsische Landtag beschloß 1992, diese Haftanstalt zu einer Gedenk- und Begegnungsstätte umzugestalten. Ehemalige Bedienstete übergaben 1994 der Stiftung „Sächsische Gedenkstätten zur Erinnerung an die Opfer politischer

Die Anstaltskirche – seit 1993 finden wieder regelmäßig Gottesdienste statt

Gewaltherrschaft" das Haus „besenrein". Seitdem ist das gesamte Inventar verschwunden. Von der außergewöhnlichen Bibliothek existiert kein Buch mehr. Die beiden schalldicht gebauten Verhörräume wurden vom darüber befindlichen Stockwerk aus unter Wasser gesetzt. Wo es möglich war, wurden die Spuren der Unmenschlichkeit beseitigt. In diesem Zustand kann man Bautzen II heute besichtigen.

Wie sagte doch Bert Brecht:

„Der Schoß ist fruchtbar noch aus dem das kroch."

Der alte Wieczorek

„Hör mal", sagte meine Tante zu mir, als ich sie in den fünfziger Jahren in Polen besuchte, „unten ist ein alter Kommunist eingezogen. Sei vorsichtig! Laß dich nicht mit ihm ein! Er war im Lager und bekommt jetzt Parteirente. Außerdem ist er ein Säufer. Die Frau ist ihm schon davongelaufen." Mit „Lager" meinte sie das KZ.

Ich mußte am Morgen meinen Trabi im Hof waschen. Er sah von der langen Fahrt sehr mitgenommen aus. Der Alte kam aus der Haustür und schlurfte in seinen Holzpantoffeln auf den Schuppen zu. „Guten Morgen!" begrüßte ich ihn. „Dobry!" kam es verächtlich zurück, obwohl alle Bewohner der Fabriksiedlung deutsch sprachen. Am nächsten Tag entbot ich ihm ein freundliches „Dzien dobry!" und erhielt dafür einen „Gutten Tack!" Gleich fragte er mich: „Sie kommen aus der NRD?"

„Ja."

„Und welche Gegend?"

„Dresden."

„Kenne ich vom Mai 45. Sah schlimm aus. Mußte über die Trümmer klettern."

„Ja, ich weiß, aber inzwischen ist einiges schon wieder aufgebaut."

„Stell dir vor", entrüstete sich die Tante, als ich aus der Stadt kam, „hat der Kerl uns doch einen ganzen Stoß Zeitungen vor die Tür gesackt! Hab' ich dich nicht vor ihm gewarnt? Der führt nichts Gutes im Schilde …"

Im Hof traf ich ihn dann. „Ich habe das ‚Neue Deutschland' hingelegt. Sie bekommen es hier nicht zu kaufen; ich hab's abonniert. Die Genossen sehen das nicht gern, daß ich die deutsche Zeitung lese. Aber ich lese lieber deutsch als polnisch, denn ich habe ja nur die deutsche Schule besucht."

„Wissen Sie, Herr Wieczorek", versuchte ich mich vorsichtig aus der Affäre zu ziehen, „ich weiß gar nicht, wie ich Ihnen danken soll, daß Sie an mich gedacht haben. Nur bei mir ist das so: Ich muß beruflich bedingt das ganze Jahr hindurch schrecklich viel lesen, daß ich im Urlaub meine Augen schone und nichts Gedrucktes sehen möchte." Unter diesem Vorwand reichte ich ihm das Zentralorgan der SED zurück.

„Du wirst noch einmal an deinen Lügen ersticken!" drohte die Tante, die uns vom Fenster aus beobachtet hatte.

Ob er nun nüchtern oder betrunken war, er suchte immer wieder meine Nähe. „Haben Sie schon Fleisch für Sonntag? Fragen Sie die Tante!"

„Nein, sie hat noch nichts."

„Gut, dann werde ich das Fleisch besorgen, sagen Sie es ihr!"

Fleisch zu besorgen, war nicht einfach, denn man mußte dafür Schlange stehen und das zur rechten Zeit. Die Verkaufstage waren Dienstag und Freitag, manchmal auch nur Freitag.

Es war Samstag geworden, und wir hatten immer noch kein Fleisch. Für die gute Tante war das um so peinlicher, weil ich ihr auch noch einen Gast mitgebracht hatte, einen Kaplan aus meiner Nachbargemeinde, der mich darum gebeten hatte. Er wollte unbedingt in seiner Heimatkirche im Glatzer Bergland seine Primiz nachfeiern. Damals ließ die führende Partei Polens keine deutschen Priester über die Grenze. Zum Glück stand in seinem Personalausweis die Berufsbezeichnung „Student". So waren wir gut durch die Grenzkontrolle gekommen. Auch bei der Anmeldung im Rathaus ging alles glatt. Der alte Beamte wollte meinen Beruf wissen. „Lehrer." – Es wurde ihm übersetzt. – „Und der andere?" – Ich sagte: „Schüler". Er schrieb es in das große Buch. Doch am nächsten Tag wäre das Ganze beinahe geplatzt, als der fromme Beamte in der ersten Bank kniete und der „Schüler" die hl. Messe zelebrierte. Ich gestehe, daß meine Andacht sehr zu wünschen übrig ließ.

An jenem Samstagnachmittag stand ich nun mit dem Kaplan am Kammerfenster der Tante. Sie jammerte: „Hätten wir uns doch bloß nicht auf ihn verlassen! Irgendwie wären wir schon zu einem Stückchen Fleisch gekommen. Was machen wir bloß? Was machen wir bloß?" Uns Männer focht das nicht an. Aber der Tante ging es an die Hausfrauenehre, wenn sie am Sonntag kein Fleisch auf den Mittagstisch bringen konnte, ausgerechnet jetzt, wo erstmalig ein „Hochwürden" zu Gast war. Ein Geräusch ließ uns aufhorchen. Da schrie doch jemand! Die Tante begriff sofort: „Jetzt könnt ihr ihn mal erleben, den alten Säufer!" Es war wirklich Wieczorek, der betrunken seiner Wohnung entgegentorkelte. Man konnte wahrnehmen, wie die Leute in den anderen Häusern eilig Türen und Fenster zuschlugen. „Was schreit er denn?" wollte ich wissen, denn ich verstand kein Polnisch. „Er flucht entsetzlich. Ist das nicht schrecklich mit ihm! Jetzt droht er, er wird ihn umbringen, totschlagen wird er ihn, den verdammten Kerl. Heute noch wird er ihn erschlagen." Meine Tante schüttelte den Kopf und hielt sich die Ohren zu. Das war zuviel für sie. Der Kaplan blickte mich entgeistert an. Ich muß wohl nicht klüger ausgesehen haben. Wieczorek fluchte, brüllte und drohte noch, als er seine Wohnung erreicht hatte. – Und dann hat er ihn tatsächlich erschlagen! Gleich schleppte er ihn hoch und hielt ihn mir entgegen: den „krulik", seinen besten Stallhasen. Der Festbraten war gesichert.

rechts: der alte Wieczorek

Wieder klopfte es an der Stubentür. Die Tante rief: „Prosze! (Bitte!)" Aber es kam niemand. Ich ging vor die Tür. Da stand er wieder und starrte mich an, daß man schon Angst bekommen konnte: „Ich bin ein Säufer, aber das geht Sie nichts an!"

„Nein, nein, natürlich nicht", bestätigte ich unsicher.

„Und ich bin ein Kommunist, und das geht Sie auch nichts an!"

Ich wußte nichts mehr zu erwidern.

„Und ich bin ein Lump und ein Atheist, und ich glaube nicht an Gott – und das geht Sie ebensowenig etwas an!" Er war immer lauter geworden, und ich wußte, daß die Tante in der Stube bereits vor Angst zitterte.

„Sehen Sie, und nun hat der liebe Gott mir solch große Zwiebeln wachsen lassen. Die sind für Sie!" Er öffnete die zusammengerollte Schürze. Es waren wirklich Riesenzwiebeln.

Nach Tagen fragte er mich, ob ich ihm einen Gefallen tun würde. „Aber natürlich, Herr Wieczorek!"

„Könnten Sie meiner Schwester in der NRD einen ‚krulik' mitnehmen? Die ißt doch so gern Kaninchen, und man kann Fleisch nicht über die Grenze schicken. Ich gebe Ihnen die Adresse mit."

Gleich auf dem Rückweg fuhr ich hin. Das Fleisch sollte ja nicht verderben. Oder war es doch mehr die Neugierde, die leibliche Schwester dieses Mannes kennenzulernen? Ob sie Parteifunktionärin war oder gar Mitarbeiterin bei der Stasi? Mir war es gleich. Ich hatte nur ein totes Kaninchen abzugeben.

Auf Anhieb fand ich sie: eine Ordensschwester, Oberin eines katholischen Altersheimes! Sie schien genauso überrascht wie ich. „Was, von Raphael kommen Sie? Das gibt es doch nicht!"

„Er scheint sie sehr zu verehren. Sie müssen ihn unbedingt besuchen fahren! – Aber sagen Sie mal, Schwester Oberin, wie ist das möglich, daß der Bruder einer Ordensschwester Atheist ist?"

„Ach was, Raphael war das nicht und wird es niemals sein. Er war in Buchenwald, und nun bekommt er in Polen seine Parteirente, das ist alles. Kann denn ein

Oberschlesier Atheist sein? Das glauben Sie doch selber nicht!"

Die gütigen Augen dieser mütterlichen Frau füllten sich mit Tränen. Ihre oberschlesische Aussprache war unverkennbar.

„Und warum kam er ins KZ?"

„Er wurde 1939 zur Wehrmacht eingezogen, als der Polenfeldzug begann. Aber er sagte, er werde niemals auf seinen Bruder schießen, der auf der anderen Seite wohnte. So verweigerte er den Wehrdienst und kam ins KZ."

Eines Tages schrieb mir meine Tante: „Wenn Du herkommst, möchtest Du dem Wieczorek ein Buch mitbringen, das es bei Euch geben soll. Tu ihm den Gefallen, denn er läßt sonst keine Ruhe!" Ein Zettel lag bei: Bruno Apitz, Nackt unter Wölfen.

In den Tagen vor der Reise las ich es schnell noch und schämte mich ein wenig, weil ich es noch nicht gekannt hatte.

„Hast du ihm das Buch mitgebracht?" war Tantes erste Frage, als ich bei ihr ankam. „Dann schaff es ihm gleich hinunter, damit er nicht erst hochkommt!"

Ich traf ihn in seiner Küche mit einem Kollegen. Sie hatten gerade eine Wodkaflasche aufgeschraubt. Sofort bekam ich ein Glas vorgesetzt. Dann hielt Wieczorek mir eine seiner berühmten Reden. Er wisse nicht, wie er mir danken solle, denn das Buch gäbe es hier nicht. Es sei nur als Fortsetzungsroman in der Zeitung erschienen, aber eben nur auf Polnisch. Er sei überglücklich, es nun zu besitzen, denn er habe das alles in Buchenwald ja selber bis zur Befreiung miterlebt. Mich stach der Hafer, und so fragte ich ihn: „Herr Wieczorek, ist das Buch Dichtung oder Wahrheit?"

„Ich werde es Ihnen sagen: Es ist beides. Dieses Buch ist von einem deutschen Kommunisten für die deutsche

Jugend geschrieben worden. Es soll zeigen, daß durch die Rettung dieses Kindes das Leben siegte."

„Schön und gut, ich frage mich aber, ob es das Buchenwaldkind wirklich gegeben hat oder nicht?"

„Ich hatte die große Ehre, dieses Kind als erster zu sehen!"

„Aber, Herr Wieczorek, man kann ein Kind doch nicht in einem Koffer transportieren", sagte ich ungläubig. „Ein Koffer hat höchstens diese Breite." Und ich demonstrierte meine Vorstellung mit beiden Händen. „Da paßt ein Kind doch unmöglich hinein!"

„Sie wissen aber auch gar nichts!" sagte er gereizt. „Das waren Juden, die von einem Lager zum anderen gejagt worden waren. Die Koffer waren inzwischen ausgebeult und sahen wie Säcke aus. Das kann man sich doch denken!"

„Und wie kam es, daß Sie das Kind zuerst sahen?"

„Ich hatte von der SS den Auftrag, das Gepäck der neuen Transporte nach Geld, Gold und Wertsachen zu durchsuchen. Sie mußten sich auf dem Appellplatz ausziehen, Bekleidung und Gepäck ablegen und zur Entlausung gehen. Dann begann mein Dienst. Ich öffnete den Koffer und erblickte das Kind, verschloß ihn wieder, ging weiter, ließ mir nichts anmerken und berichtete nachher den Kameraden. So konnten wir es dann verstecken."

Ich nickte und schwieg. Wieczorek goß mir ein. „Prosit, auf das Buchenwaldkind!"

„Es möge leben, es möge gut leben!" bekräftigte ich und goß den Fusel hinunter.

„Aber ich habe trotzdem noch eine Frage: Wer hat das Kind nun wirklich ernährt?"

Wieczorek schaute mich an. „Das kann ich Ihnen ganz genau sagen: Ein Priester war es, ein Abbé aus Marseille. Er bekam doch regelmäßig Lebensmittelpakete aus Frankreich."

Nun mußte ich ihn tatsächlich noch um einen Wodka bitten.

Ein Geschäft mit der Stasi

In den fünfziger Jahren hatte Mutter manchmal ihre gelähmte Schulfreundin für ein paar Tage zu uns eingeladen. Es tat beiden gut, Erinnerungen an Heimat und Vergangenheit auszutauschen.

An jenem Nachmittag tranken sie gerade Kaffee, als ich aus dem Dienst kam. Zu meiner Überraschung aber saß der Freiberger Kaplan auch dabei. Welch eine Freude! „Ich hatte in der Nähe zu tun und wollte mal bei Ihnen reinschauen." So gab es für alle am Tisch genug anzufragen und zu erzählen. Was mich dabei aber ein wenig merkwürdig berührte, war das bei diesem Kaplan bisher ungewohnte ‚Sitzfleisch'. Kaffee und Kuchen waren verzehrt, und langsam ging auch der Gesprächsstoff zur Neige. Es wurde fast peinlich.

Endlich verließen die beiden Frauen das Zimmer. Da flüsterte er mir zu: „Können Sie sofort mit mir nach Freiberg kommen? Ich bringe Sie wieder zurück. Ich konnte es vor den Damen nicht sagen. Es ist sehr eilig und ernst."

Ich sagte meiner Mutter, daß der Freiberger Pfarrer etwas mit mir besprechen müsse. Ich käme vielleicht erst sehr spät zurück.

Im Auto erklärte er mir alles: Pfarrer und Kaplan seien einzeln von der Stasi verhört worden. Es ging um den Jugendtag, der kürzlich in Großhartmannsdorf stattgefunden hatte. Der evangelische Pfarrer hatte seinen Gemeindeausflug auf diesen Sonntag gelegt und der katholischen Jugend Pfarrhaus und Kirche zur Verfügung gestellt. Es waren wohl mehrere hundert junge Christen, die daran teilgenommen hatten. Den Vor- und Nachmittag hatte ich im Pfarrsaal gestaltet, und um 17 Uhr fand die hl. Messe statt. Am Abend feierten wir auf einer kircheneigenen

Wiese den Ausklang dieses gelungenen Gemeinschaftstages. Neben einem Lagerfeuer und gegrillten Würstchen bildete das Spiel „Die Katze ist an allem schuld" wohl den Höhepunkt des Abends. Hauptdarsteller waren Pfarrer, Kaplan, Küster und ich, dem man die Rolle der „wunderschönen und liebenswürdigen Königin" zugedacht hatte. Wie sich später herausstellte, waren einige noch nach Tagen vom Brüllen und Lachen heiser.

„Sie wollten von mir wissen, wer an diesem Tage vier bis fünf Stunden vor der Jugend gepredigt habe. Ich konnte beweisen, daß ich Außenstationsgottesdienst hatte und nicht anwesend war. So wußte ich es nicht. Und Sie kennen ja unseren Pfarrer. Der hat Übung mit solchen Leuten. Als Jugendseelsorger von Leipzig hat er damals in der Propsteigemeinde übelste Verleumdungen und Angriffe der HJ glänzend abwehren und überstehen können. Auch die zugehörigen Sprechchöre und Hetzartikel in den Zeitungen. Jetzt aber ist er hilflos, weil es um Sie geht."

Bald saß ich im Freiberger Pfarrhaus mit Pfarrer und Kaplan zusammen.

„In drei Tagen soll ich ihnen melden, wer am Jugendtag vier bis fünf Stunden gepredigt hat", erklärte Pfarrer Eberle, der Schwabe. „Ich habe ihnen geantwortet: ,Aufgelegter Hundedreck! Ich habe es meinen Kaplänen immer gesagt, sie könnten über alles predigen, nur nicht über fünfzehn Minuten. Und die halten sich daran. Bei uns predigt keiner so lange!'

Die Herren erwiderten: ,Aber es hat einer so lange gesprochen, das wissen wir, und wir brauchen seinen Namen. Wenn Sie nicht bereit sind, ihn uns zu nennen, werden wir zu anderen Mitteln greifen müssen.'

Ich versuchte zu erfahren, weshalb sie so daran interessiert seien, denn ein Einkehrtag sei eine rein innerkirchliche Angelegenheit, und nach der Verfassung der DDR regle die Kirche ihre Angelegenheiten selber. Darauf entgegnete man mir: ‚Wir brauchen den Namen dieses Mannes, um ihn zur Verantwortung zu ziehen. Er hat Hitler und Goebbels vor der Jugend verherrlicht. Woher sie das denn wüßten. ‚Wir haben zwei Informanten dabei gehabt, die das berichtet haben.'"

Nun wollten Pfarrer und Kaplan natürlich wissen, was ich wirklich gesagt hätte. Es wurden zwei Jugendliche herbeigeholt, die den ganzen Tag miterlebt hatten. Sie konnten meine Aussagen bestätigen. Ich hatte einen erschütternden Brief vorgelesen, den der katholische Schuhmachermeister Goebbels aus Rheydt an seinen Sohn Joseph, den späteren „Reichspropagandaminister", geschrieben hatte, als dieser sich vom Glauben und von der Kirche abwandte. Der Brief endete mit den Worten: „Ich bete für Dich, wie ich immer für Dich gebetet habe. Es umarmt Dich Dein Dich liebender Vater." Natürlich hatte ich auch deutlich herausgestellt, was aus diesem Sohn Joseph geworden war, als er mit Hitler zusammentraf und welche Verbrechen von ihnen begangen wurden. Nun war eine für mich äußerst prekäre Situation entstanden. Ich war um diese Zeit Lehrer, d. h. Staatsfunktionär. Meine Arbeit in der Kirche durfte auf keinen Fall bekannt werden. Und wer aber einmal in die Hände der Stasi gefallen war, der kam auch nicht mehr heraus. Das wußten wir damals alle. Es bestand nicht nur Gefahr für die Freiheit. Die Situation war lebensbedrohlich.

„Was soll ich nun den Herren sagen?" wollte der Pfarrer von mir wissen.

„Ich schlage Ihnen folgendes vor", entwickelte ich meinen Plan. „Sie erklären, daß nach einigen Umfragen und Überlegungen – denn Sie waren ja nicht dabei – herausgekommen sei, daß am besagten Sonntag tatsächlich jemand in Großhartmannsdorf zur Jugend gesprochen habe.

Sie seien nun im Besitz von Name und Adresse und wären bereit, diese zu übergeben." Pfarrer und Kaplan starrten mich entsetzt an. „Unter einer einzigen kleinen Bedingung, daß die Herren vom Staatssicherheitsdienst Namen und Adressen der beiden Mitarbeiter im Austausch übergeben. Eine Hand wäscht die andere. Und das sei doch ein faires Handelsangebot. Sollte man Sie, Herr Pfarrer, aber fragen, weshalb Sie denn an diesen Personen so interessiert seien, dann erklären Sie ihnen in schwäbischer Gelassenheit, daß die gesamte katholische Pfarrgemeinde von Freiberg echt daran interessiert sei, diese beiden Herren auf dem Freiberger Markt hängen zu sehen. Und sollten diese Mächtigen dafür kein Verständnis zeigen, dann erinnern Sie sie an das ‚Gesetz zum Schutze des Friedens' vom 15. Februar 1950, wo in § 6,2 nachzulesen ist, daß Boykotthetze in der DDR mit dem Tode bestraft wird."

Pfarrer Eberle begann zu schmunzeln. Das war nach seinem Geschmack. Drei Tage später schlug er der Freiberger Stasi dieses Geschäft vor. Eigenartigerweise schienen sie daran plötzlich gar nicht mehr interessiert zu sein.

Und ich lebe heute noch.

Verknüpfungen

In die Stille des Karfreitagmorgens schellte es. Es war Hermann Scheipers, unser Pfarrer, der vor meiner Tür stand. Bleich und fast erstarrt hielt er mir ein Telegramm hin. Es entsprach nicht seiner Art, Gefühle zu zeigen. Jetzt aber konnte auch er sie nicht mehr verbergen: Sorge und Ratlosigkeit. Was war passiert? Hirnbluten bei seiner

Schwester in Münster, fortschreitende Lähmungen, Krankenhauseinlieferung. Höchste Lebensgefahr! „Ich muß sofort hin! Die Polizei in Bautzen hat geschlossen – niemand dort. – Vor Montag nichts zu erledigen. Da kann meine Schwester schon tot sein. – Was mache ich nur?"

Ich kannte seine Zwillingsschwester gut. Wie oft hatten wir ihren Besuch in Schirgiswalde mitgefeiert! Und ich glaube immer noch, daß er keinen Menschen mehr liebte als sie, die ihm das Leben gerettet hatte, ihm und einer großen Zahl von Priestern. All die Jahre im KZ Dachau hatte sie direkten Kontakt zu ihm aufrechterhalten, indem sie regelmäßig hinfuhr und sich an den Zaun der Plantage heranschlich, in der die Priesterhäftlinge für die SS arbeiteten. Der Zaun war nicht elektrisch geladen, und man konnte im Schutz des Gebüschs mit den Häftlingen sprechen. Und als Pfarrer Scheipers im Invalidenblock eingesperrt war, von wo die Transporte zur Vergasung abgingen, da fuhr sie nach Berlin zu Bischof Heinrich Wienken und zum Reichs-Sicherheits-Hauptamt und erreichte, daß die deutschen Priester aus dem Invalidenblock herauskamen, wenige Wochen später auch die Priester aller anderen Nationalitäten.

Seine Schwester hatte ihn retten können. Nun durfte er in ihren schwersten Stunden nicht einmal bei ihr sein. Eine ohnmächtige Wut hatte uns ergriffen. Saßen wir nicht auch schon Jahre und Jahrzehnte in einem großen KZ, von elektrischem Stacheldraht umgeben?

Mitten in diese Gedanken hinein läutete es wieder an der Wohnungstür. Was war nur los an diesem stillsten Tag im Jahr? Es war die Pfarrhaushälterin, die den Pfarrer ins benachbarte Pfarrhaus rief, weil ein Ehepaar von auswärts ihn unbedingt sprechen wollte. „Ich bin gleich wieder da", sagte der Pfarrer beim Hinausgehen, aber es dauerte doch länger, bis er zurückkam.

„Denken Sie nur, wer die Leute eben waren, die im Pfarrhaus auf mich warteten. Gerade hatten wir hier noch vom KZ gesprochen, da holt mich unversehens die Vergangenheit ein. Die Frau war die Tochter des ehemaligen Bürgermeisters von Wermsdorf, dem ich sowohl meine Haftstrafe in Leipzig als auch den Aufenthalt in Dachau verdanke. Er wohnt drüben in Hamburg und möchte wieder nach hier zurück. Da sollte seine Tochter bei mir nachfragen, ob ich etwas dagegen habe."

„Und was haben Sie geantwortet?"

„Ich war weder in der Stimmung, noch in der Lage, mit ihr ein langes Gespräch zu führen. Meine Gedanken sind nur bei meiner kranken Schwester. Ob sie überhaupt noch am Leben ist? – Ich versicherte dieser Frau, daß ich als Christ ihrem Vater verziehen habe. Er brauche von mir nichts zu befürchten. Und doch möge sie ihm zu bedenken geben, daß der Polizist aus Wermsdorf, der mich auf seinen Befehl hin festnahm und abführte, dafür nach dem Kriege eine Gefängnisstrafe von über einem Jahr zu verbüßen hatte. ‚Richten Sie Ihrem Vater aber bitte auch folgendes aus: Sollte er sich nach einer Übersiedlung in die DDR hier politisch betätigen, dann müßte ich mich gezwungen sehen, Anzeige gegen ihn zu erstatten.'" – Wir alle kannten ja jene Nazis, die mit großem Geschick ihre Fahne nach dem Wind drehten.

Pfarrer Scheipers konnte erst am Ostermontag seine Reisepapiere erhalten und in der Nacht zu seiner Schwester fahren, die glücklicherweise überlebte. Viel später erst überreichte ihr der Bischof von Münster im Auftrag des Papstes den Orden „Pro Ecclesia et Pontifice" für ihre Priesterrettungsaktion damals. Sie nahm ihn im Rollstuhl entgegen.

In diesem Zusammenhang kam mir noch eine andere Erinnerung. In den fünfziger Jahren war ich gebeten worden, während der Sommerferien in Wermsdorf „Religiöse Kinderwochen" zu halten. Wermsdorf, das zwischen Oschatz und Wurzen liegt, besaß eine sogenannte Erstkommunikantenanstalt: Dort wurden seit vielen Jahrzehnten schon katholische Kinder aus den entlegensten Diasporaorten des Bistums Meißen auf den Empfang der Erstbeichte und Erstkommunion vorbereitet.

Diese alte Tradition wurde nach den zweiten Weltkrieg in Wermsdorf fortgesetzt. Jeweils 14 Tage sollten die Kinder dort in landschaftlich reizvoller Umgebung, von den Ordensschwestern liebevoll umsorgt und verwöhnt, in der Gemeinschaft gleichgesinnter Kinder durch Erholung, Spiel, Wanderung, Katechese und Gottesdienst christliches Leben erfahren.

Nach wenigen Tagen bereits hatte die Stimmung im Haus ihren Höhepunkt erreicht. Die Sonne strahlte, das

Bad lockte, das Essen schmeckte, die Gemeinschaft wurde stündlich durch neue Freundschaften enger. Solche Ferien hatte keines dieser Kinder jemals schon erlebt. Da erreichte uns ein Anruf des Rates des Kreises, Abteilung Inneres: „Das Heim ist sofort zu schließen! Die Kinder haben bis morgen früh das Haus zu verlassen!" Keine Begründung. Ich rief den Rat des Bezirkes an. Ja, das habe seine Richtigkeit. Die Kirche überschreite hier ganz offensichtlich ihre Befugnisse. Erziehung, auch Ferienbetreuung, seien das alleinige Recht des Staates. Ich erklärte, daß der Kirche und jedem Christen das Recht auf freie Religionsausübung in der Verfassung garantiert sei. Und „Religiöse Kinderwochen" seien Bestandteil der Katechese, die wir im Auftrag der Bischofskonferenz erteilten. Man wolle und könne mit mir nicht über feststehende Gesetze diskutieren. Man wolle nur wiederholen, was bereits angeordnet sei. „Und wenn wir Ihrem Räumungsbefehl nicht nachkommen? Wir sehen dazu weder Veranlassung noch Möglichkeit."

„Die Staatsorgane haben Mittel und Wege, um ihre Anordnungen durchzusetzen."

„Gut", sagte ich, „dann tun Sie es. Wir werden das Haus nicht verlassen."

Zwar wußte ich sehr wohl von vielen evangelischen Diakonen, die aus den Rüstzeitheimen heraus verhaftet worden waren und Strafen abzusitzen hatten. Aber ich überzeugte alle Mitarbeiter des Hauses davon, daß wir nicht weichen, sondern die Räumung der brutalen Staatsgewalt überlassen wollten.

Und wie der Zufall manchmal so mitspielt: Unser Bischof war im Urlaub, sein Stellvertreter nicht zu erreichen, der zuständige Erzpriester gerade auf Dienstreise. Nur der Dekanatsfürsorger erschien sofort und stimmte unserem Beschluß zu. Den Kindern wurde nichts gesagt. Sie schöpften auch gar keinen Verdacht, als wir darangingen, nach dem Abendbrot einen Bunten (Abschieds-)Abend zu improvisieren.

Mich bat Schwester Oberin zu sich. Sie konnte ihre Angst nicht ganz verbergen, denn das alles hatte sie schon einmal erlebt. Ob ich ihr helfen könnte, ihr Zimmer auf eine zu erwartende Haussuchung vorzubereiten. Eigentlich dürfe sie mich ja in die Klausur nicht hineinlassen, aber die augenblicklichen Umstände ... Und während wir gemeinsam Schränke, Schubladen und Bücherregale systematisch nach Briefen, Zeitungen und Akten durchkämmten und im Ofen ein großes Feuer entfachten, wo alles verdächtige Papier landete, erzählte sie mir, wie es damals war, als Pfarrer Scheipers in demselben Haus verhaftet wurde und wie die anschließende Haussuchung verlaufen war.

„Niemals hätte ich gedacht, daß sich so etwas Schlimmes wiederholen würde und daß ich es noch einmal erleben müsse."

Plötzlich stand der Wurzener Erzpriester vor der Tür. Die Kinder waren schon im Bett. Alle Mitarbeiter wurden zusammengerufen. Er hatte inzwischen mit dem Generalvikar und Caritasdirektor verhandelt und teilte uns den Beschluß mit: „Wir weichen der Gewalt. Es ist nicht zu verantworten, die Kinder denen schutzlos auszuliefern."

Nun telefonierten wir die ganze Nacht hindurch, wälzten Fahrpläne, suchten Anschlüsse und alarmierten die Heimatpfarrer. Diese mußten die Kinder ihrer Gemeinde an bestimmten Bahnhöfen abholen und in ihre Obhut nehmen, denn viele Eltern waren gar nicht erreichbar, manche in Urlaub, da sie ihre Kinder ja gut untergebracht wußten.

Erst nach dem vorgezogenen Frühstück teilten wir den Kindern mit, daß wir alle sofort nach Hause fahren müßten.

Auf dem Weg zum Bus und zum Bahnhof wollte ich mit ihnen das Lied von den glücklichen Kindern im glücklichen Land singen. Aber sie konnten es nicht, denn Tränen erstickten ihre Stimmen.

Dunkle Kanäle

Als Alfred Bengsch am 16. August 1961 Bischof von Berlin wurde, fand man im Ostteil der Stadt keine Wohnung für ihn, denn seine Vorgänger hatten auf der anderen Seite residiert. So mußte in einem Schwesternhaus auf der Gürtelstraße 8 in Weißensee etwas eingerichtet werden. Als die Renovierungsarbeiten durch staatliche Firmen die Geduld des Bischofs auf eine harte Probe stellten, denn es war überhaupt kein Ende abzusehen, brachte er sich aus Westberlin einen Fachmann mit, der sehr schnell die in den Steckdosen eingebauten ‚Wanzen' entdeckte und entfernte. Sofort fuhr ein Wagen vor, und der Techniker, ein Bruder eines Ordinariatsrates, wurde festgenommen. Alfred Bengsch verließ ihn nicht, bis er freigelassen wurde.

Das Westberliner „St.-Petrusblatt" gab den Skandal bekannt. Und erst vier Wochen später schaffte die DDR-Presse eine „Richtigstellung" unter der Überschrift: „Bonner Spitzel im bischöflichen Telefon".

Im Jahre 1968 richtete Bischof Alfred in seinem Hause ein Qualifizierungsstudium der ‚Jugend- und Erwachsenenpastoral' ein, das nach drei Jahren mit einem Diplom abschloß. Es waren Delegierte aus allen Jurisdiktionsgebieten der DDR beteiligt. Die westlichen Professoren mußten unerkannt in der Nähe der Grenzübergänge mit dem Trabant abgeholt werden. Sie durften weder Aktentasche noch Aufzeichnungen bei sich tragen. Das gesamte Vorlesungs- und Studienmaterial brachte der Bischof in seinem Wagen über die Grenze. Ihn kontrollierte man ja nicht. Wir waren angehalten, weder Briefwechsel noch Telefongespräche zu führen.

Alle Absprachen mußten mündlich geschehen. Bei der Abschlußfeier in seiner Wohnung erzählte uns der Kardinal, daß ihm der Staatssekretär für Kirchenfragen beim letzten Gespräch gedroht habe, daß das der erste und letzte Studienkurs in seinem Hause sein möge. Wir waren drei Jahre lang gut überwacht, ohne es zu ahnen.

In den Mittagspausen wanderten wir gern die Greifswalder Straße hinunter, um in einem Laden einzukaufen, der dem Katharinenstift schräg gegenüber lag. Er trug den harmlosen Namen ‚Einkaufsquelle‘. Außer gebrauchten Hosen, Jacken und Schuhen nahm man auf den ersten Blick nichts Besonderes wahr. Näherte man sich aber den verglasten Vitrinen und Regalen, dann konnte man unglaubliche Schätze entdecken und für wenig Geld erwerben: nagelneue Kinderschuhe, Gold- und Silberfäden, die Rolle für 5 Mark … Jeder von uns wußte, daß es sich um jene gestohlenen Waren handelte, für die man in Pankow oder Wandlitz keine Verwendung hatte.

Fürsorger der Caritas und der Inneren Mission waren dort Stammkunden. Sie kauften die im Lager hinter dem Geschäft aufgestapelten Bleyle-Anzüge und Erstkommunionkleider für die kirchlichen Kinderheime auf. Es war ja ein offenes Geheimnis, daß Pakete an Pfarrhäuser und kirchliche Heime zum größten Teil „verlorengingen“. Aber das heißt nicht, die übrige Bevölkerung hätte die Pakete aus dem Westen immer erhalten.

Wir waren gerade im Haus, als ein junger katholischer Fürsorger mit einem großen Packen aus seinem Trabi

Kardinal
Alfred Bengsch

stieg und an der Bischofswohnung klingelte. „Ich habe
was für Sie, Herr Kardinal!"

„Komm rein!"

Als er das notdürftig verschnürte Bündel auf den Tisch
warf, platzte die Verpackung auf, und nagelneue Meßgewänder kamen zum Vorschein. Alfred Bengsch ging zu
seinem Schrank, öffnete ihn und erklärte lakonisch: „Und
hier ist die andere Hälfte! – Wo hast du die denn her?"

„Ich hatte der Alten in der ‚Einkaufsquelle' meinen üblichen Zehnmarkschein in die Hand gedrückt und verschwand im Lager. Dort entdeckte ich die Meßgewänder.
Ich war richtig erschrocken. Und als ich die Alte nach hinten rief, wurde sie böse: ‚So eine Schweinerei', schimpfte
sie, ‚was soll ich denn mit dem Kram hier anfangen? Kauft
doch keiner. Sowas! Das Zeug kommt doch sonst immer
gleich in den Reißwolf!'

Ich konnte sie mit einem 50-Mark-Schein trösten."

Hier muß erklärt werden, daß das II. Vatikanische Konzil in der Liturgiekonstitution die Konzelebration mehrerer Priester beschlossen hatte. Um mit allen Mitbrüdern seines Bistums die hl. Messe in der wiederaufgebauten St. Hedwigs-Kathedrale gemeinsam feiern zu können, hatte der Kardinal in zahlreichen westdeutschen Klöstern Meßgewänder bestellt, von denen ihm die Hälfte gestohlen worden war.

Sein damaliger Sekretär und späterer Weihbischof Kleineidam zeigte uns die „Eingabe an das Ministerium für Post- und Fernmeldewesen der DDR", in der der Kardinal eine Erklärung für den Sachverhalt forderte, daß die ihm gehörenden Meßgewänder von hohem Wert weder „beschlagnahmt" noch eingezogen worden wären, da ja kein einziges Protokoll dafür vorläge, daß die an ihn abgeschickten Pakete niemals angekommen seien, heute aber im staatlichen Geschäft „Einkaufsquelle" auf der Greifswalder Straße öffentlich verkauft worden seien.

Eine Antwort hat Kardinal Bengsch zu Lebzeiten nicht erhalten.

Da ging es mir schon besser. Als ich nämlich, durch dieses Schreiben ermuntert, auch eine Eingabe an dasselbe Ministerium schickte, in der ich forderte, den Verbleib der an mich nachweisbar abgeschickten, aber nicht angekommenen Pakete zu erforschen, bekam ich wenigstens eine prägnante und durchaus einsichtige Erklärung zugesandt: Da die Pakete niemals in der DDR abhanden gekommen seien, müßte ich doch bedenken, daß alle Postsendungen einen langen Weg durch die BRD zurücklegen müßten und daß sie nur dort gestohlen worden sein könnten. Einen noch größeren Erfolg konnte der Pfarrer des kleinen sächsischen Städtchens Lichtenstein verbuchen. Seitdem er die Pfarrei übernommen hatte, bekam er weder Pakete noch Päckchen seiner in Westdeutschland lebenden Schwester. Bald erfuhr er, daß schon seit Jahren kein Paket oder Päckchen mehr an die Bewohner des Caritas-Pflegeheimes angekommen sei. Und die Pfarrwohnung befand sich in den Räumen des Heimes.

Es stand eine „Volkswahl" bevor. So schrieb der Pfarrer an den Bürgermeister von Lichtenstein, man brauche sich in keiner Weise um ihn zu bemühen, denn er werde niemals zur Wahl gehen in einem Staate, der sich sozialistisch nenne und die Ärmsten der Armen, die Bewohner eines Pflegeheimes, bestehle. Er werde diesen Brief von der Kanzel verlesen, berichtete er mir. Kurz danach kamen Päckchen und Pakete im Caritas-Heim Lichtenstein an.

„Sehen Sie", und er hob seinen Zeigefinger, „man muß den Bonner Ultras nur gehörig drohen, daß man nicht zur Wahl geht, und schon hören sie auf zu rauben!"

Privilegien

„Wir fordern die sofortige Abschaffung von Privilegien!" So stand es in der Zeitung. Ich kannte „Wandlitz" und Harry Tischs Super-Hotel in Graal-Müritz gut – vom Zaune aus. Nur das Ausmaß der Enthüllungen schockierte noch.

Aber gehörte ich nicht auch zu den Privilegierten? Nun, zu einer Villa, Datsche oder Dienstreise in den Westen als Delegierter der Kirche hat es in 30 Jahren nicht gereicht. Ich war nie „Auslandskader". Und doch saß ich vier Wochen nach meiner fristlosen Entlassung aus dem Schuldienst bereits in einem Dienstwagen und rollte stolz in den Ort, wo ich meine ehemaligen Kollegen neidisch machen konnte: „Ihr müßt eben nur arbeitslos werden, dann könnt ihr auch Auto fahren!" So spottete ich. Daß es nur ein hölzerner „Dekawuppdich" war, sahen sie zwar. Daß ich aber die Türen vor meinem Bauch immer mit einem Strick zusammenbinden mußte, damit der Fahrtwind sie auf der Autobahn nicht aufreißen konnte, das bemerkten sie ja glücklicherweise nicht. – Übrigens kutschiere ich inzwischen einen neuen Wartburg-Dienstwagen durchs Land.

Der Chirurg hatte sich meine Galle im Röntgenbild angeschaut. „Ich rate Ihnen zur Operation!" meinte er. Natürlich ging ich in ein katholisches Krankenhaus und kam in ein Zweibettzimmer, wie es sich für Privilegierte geziemt. Ich will ja nicht verhehlen, daß ich meine Beziehungen zur Krankenhausverwaltung schamlos ausnutzte, denn zwei dicke Wälzer und über 100 unbeantwortete Briefe sollten in diesen Tagen bewältigt werden. Wenn schon Krankenhaus, sagte ich mir, dann muß es sich auch lohnen. Wo gibt es denn sonst ein solches Angebot an freier Zeit? Höchstens noch im Gefängnis. Heute frage ich mich, ob ich mich eigentlich darüber freuen darf, daß ich diese Erfahrung nicht machen mußte. Oder sollte ich mich nicht vielmehr dafür schämen? Meine Verfolger hätten mich gar zu gern hinter Gittern gesehen. Aber sie waren eben doch nicht geschickt genug …

„Das ist Ihr Bett, Herr H.!" wies mich die freundliche Schwester ein. „Und mit Herrn P. werden Sie sich schon vertragen." – Ich traute meinen Augen nicht, als ich in Herrn P. einen ehemaligen Klienten erkannte. Welch eine Wiedersehensfreude! Er hatte seine Galle schon den Medizinmännern zum Opfer gebracht. „Ich sage Ihnen, drei Tage nach der OP gibt es noch Schmerzen, dann lassen sie nach. Aber das steht man durch." – Ich packte meine Bücher und Briefe aus. Er meinte: „Wenn Sie nachts arbeiten wollen, mich stört es nicht. Lassen Sie ruhig das Licht an Ihrem Bett brennen. Ich schlafe gut." Waren das nicht Privilegien! Und in meinen hilflosen Tagen nach der Operation betreute er mich vorbildlich, so daß uns beiden dann der Abschied schwer fiel.

„Morgen kommt Zugang", erklärte mir die Schwester. „Er heißt Herr K., ist 62 Jahre alt, Werksdirektor und Genosse. Seien Sie vorsichtig!"

Herr K. war von stattlichem Wuchs. Beim Auspacken legte er sorgfältig einen dicken Stapel „Neues Deutschland" auf den Stuhl. „Wissen Sie, für seine Gesundheit darf einem kein Preis zu hoch sein." Ich wußte, daß er Privatpatient des Chefarztes war, und nickte zustimmend. (Bei uns „Privilegierten" beglich das die SVK.) Zu dem Preis, den er zu zahlen bereit war, gehörte wohl auch das fromme Haus, das Kreuz über seinem Bett und das Marienbild. Es schien ihn jedenfalls nicht zu stören. Daß die Kranken- und Ordensschwestern mit einigen Patienten einen Faschingsumzug in selbstgebastelten Kostümen durch alle Stationen des Hauses veranstalteten, fand seinen Beifall.

Es war sein zweiter Tag: Aschermittwoch. Ich durfte schon aufstehen. Also hatte ich beschlossen, die Fastenzeit mit der Frühmesse zu beginnen. Vorsichtig kroch ich aus dem Bett. Er war trotzdem erwacht und blickte mich fragend an. „Ich geh mal hoch in die Kapelle zum Gottesdienst", erklärte ich. „Natürlich, natürlich!" bestätigte er. Bei meiner Rückkehr bemerkte ich erst, daß ich doch noch schwächer war, als ich geglaubt hatte. So nahm ich das Frühstück wieder im Bett ein. Mein Nachbar schritt recht verspannt und voller Unruhe durchs Zimmer. Er schien ein Problem zu haben, das ihn umtrieb, mit dem er nicht fertig wurde. Schließlich gelang es ihm doch, die ersten Worte durch die zusammengebissenen Zähne hindurchzuquetschen: „Hat sie nicht eine zu große Macht?" fragte er.

„Bestimmt!" nickte ich mit vollem Munde, „wen meinen Sie denn?"

„Na, die Kirche!"

„Ach so, ja da werden Sie wohl recht haben", kaute ich genüßlich weiter, „auch wenn ich eigentlich noch nie Maschinengewehre, Raketen und Panzer in der Kirche entdeckt habe. Aber man kann sich ja auch täuschen."

„Ich meine doch in Italien."

„Ja", äußerte ich, „das ist selbstverständlich etwas anderes. Leider kommt man von der DDR so schlecht hin, um das beurteilen zu können. Die Verkehrsverbindungen …! Woher wissen Sie denn das?"

„Es steht doch in der Zeitung!"

„Von den Waffen?"

„Ach wo, so ist das doch nicht gemeint. In Italien herrscht die Kirche über das ganze Volk, das Land und über die Regierung."

„Wie meinen Sie das? Ich bin da überhaupt nicht informiert, weil ich die ‚UNION' lese und nicht das ‚ND'."

„Die katholische Kirche hat in Italien die Ehescheidung und die Abtreibung verboten."

„Sie sind für die Abtreibung?"

„In der DDR ist die Schwangerschaftsunterbrechung gesetzlich erlaubt."

„Und was erlaubt ist, muß gut und richtig sein. Übrigens wäre der Name ‚Abbruch' passender als ‚Unterbrechung'. Wenn Sie also für erlaubte Abtreibung sind, dann sind Sie auch für den erlaubten Mord."

„Das ist doch kein Mord. Ermorden kann man nur einen Menschen, und in diesem Zustand ist das noch kein Mensch!"

„Und ab wann beginnt der Mensch Ihrer Meinung nach?"

„Mit der Geburt natürlich."

„Und ich behaupte, der Mensch beginnt mit der befruchteten Eizelle."

„Das ist eine Frage der Interpretation."

„Da gebe ich Ihnen recht: Ich interpretiere den Menschen von Anfang an, Sie erst mit der Geburt. Kann also jeder interpretieren, wie er will. Und Sie müssen es tun, wie die Partei es verlangt."

„Ich stimme mit der Meinung meiner Partei vollkommen überein."

„Möchte auch sein", unterstrich ich. „Leben ist also eine Frage der Interpretation?"

„Natürlich, wie denn sonst?"

„Gut, wir sind uns einig. Für Sie beginnt menschliches Leben mit der Geburt, und für mich endet es mit 60 Jahren. Sie werden es mir aber bitte nicht verübeln, wenn Sie eines Morgens beim Aufwachen Ihren Kopf neben Ihrem Bett vorfinden, weil ich ihn nachts abgeschnitten habe. Nach meiner Interpretation haben Sie schon 2 Jahre über Ihre Zeit gelebt!" Genosse K. schnappte nach Luft und hatte erst einmal die Sprache verloren.

Unsere Gefechte nahmen die Form täglichen geistig-gymnastischen Morgensports an. Ich leugne ja nicht den Spaß an der Sache. Bei ihm war ich mir dessen nicht so sicher. Wir kamen von der Philosophie, der Moral über die Geschichte zur aktuellen Politik. Ich befragte ihn nach seiner Meinung über das Thema Israel, die ja identisch war mit der offiziellen Stellungnahme seiner Partei, wie ich wußte. Und er belehrte mich über die Globalstrategie des USA-Imperialismus, wobei Israel an herausragender Stelle den Vorposten gegen das Friedenslager übernommen habe. Ich hielt dagegen, daß wir Deutschen zwar die Juden bestialisch ausgerottet hätten und heute noch ihre geraubten Häuser und Grundstücke bewohnten, in der DDR aber noch keinen Pfennig Reparationen dafür gezahlt

hätten; daß die meisten der von uns zerstörten Synago-
gen nach Jahrzehnten noch die „Zierde" unserer Städte
bildeten, indem sie als stumme Zeugen und Kläger unsere Schande in Vergangenheit und Gegenwart lauter in die
Welt schrien, als es der Rundfunk könnte; daß wir aber
heute in schamloser Weise den Krieg gegen Israel unterstützten, propagandistisch und vielleicht sogar materiell
mit unseren Soli-Geldern.

Die vorbeihuschenden oder an der Tür lauschenden
jungen Schwestern kicherten oder griffen zum Schein in
den „Kampf" ein: „Das dürfen Sie sich doch nicht bieten
lassen, Herr K.!" riefen sie scheinheilig. Er verlor ein Spiel
nach dem anderen, gab aber nicht auf, während ich immer dreister und angriffslustiger wurde. Zwar teilten wir
uns selbstverständlich meine Marmelade und seinen Ho-
nig, und nach seiner Operation wurde ich sein Pfleger.
Aber mein Entlassungstermin rückte näher. Wie sollte das
enden? Nun, er hatte sich ja freiwillig auf das Schlacht-
feld des Klassenfeindes Kirche begeben und diesen Schritt
auch noch teuer bezahlt. Er hatte mir den Fehdehand-
schuh vor das Bett geworfen. Und er hatte fair gekämpft,
das mußte ich ihm lassen, auch wenn mir leise Zweifel an
meiner Fairneß kamen. Es machte mir nämlich höllischen
Spaß, ihn zu verhauen, ihn in die Ecke zu drängen, ihm
die Luft zu nehmen, ihn wieder kommen zu lassen und
dann erneut zuzuschlagen, als wollte ich in ihm seine ganze
Partei und ihre verhaßte Tyrannei in Stücke hacken. Wo
hatte ich denn auch bisher Gelegenheit gehabt, angstfrei
zu debattieren wie hier unter dem Schutz und Schirm der
Mutter Kirche, in der ich zu Hause war! – Ob das allerdings mit dem Gebot der Nächstenliebe …?

In schlaflosen Nachtstunden kreisten meine Gedanken
um die Frage: Wie komme ich hier ungeschoren wieder
raus? Bis ich einen, wie ich meinte, ganz passablen Plan

faßte: Beim Abschied werde ich ihm einen Zettel mit meinem Namen und meiner Adresse überreichen. ‚Damit Sie das alles nicht erst in mühevoller Kleinarbeit erkunden müssen', werde ich sagen. ‚Wozu?' – ‚Nun, damit Sie gleich nach Ihrer Entlassung Anzeige wegen staatsfeindlicher Äußerungen erstatten können!' Und wenn er hilflos-verwirrt umherschauen sollte, werde ich hinzufügen: ‚Lieber Herr K., von einem Staatsfunktionär erwarte ich, daß er seine Pflicht kennt und derartig gefährliche Subjekte wie mich hinter Schloß und Riegel bringt.' Nun konnte ich getrost einschlafen.

„Guten Morgen!" gähnte ich zu seinem Bett hinüber. „Na, wie haben Sie geschlafen?"

„Ach", stöhnte er, „fast gar nicht."

„Ich habe gemerkt, wie Sie sich herumgewälzt haben. – Schmerzen?"

„Nein, nein, ich bin fertig. Ach, mein Jüngster, der arme Kerl! – Dieses Miststück! Ich habe es gewußt, ich habe ihn gewarnt. Hätte er nur auf mich gehört!"

„Ich verstehe Sie nicht."

„Gestern war doch meine Frau hier", begann er stokkend, „und die hat mir die Nachricht gebracht, daß unser Jüngster nun mit seinen Kindern und mit seinem Betrieb völlig allein dasteht, weil seine Frau, dieses elende Biest, mit dem Nachbarn angebandelt hat und sich scheiden lassen will. Das steht er nicht durch! Wenn er sich nur nichts antut! – Und ich liege hier und kann ihm nicht helfen. Was sollen wir nur machen?"

„Oh, das tut mir aber leid", sagte ich ehrlich betroffen. „Da wird Ihnen ja nun wohl nichts anderes übrigbleiben, als Ihren Sohn heute abend einmal herzubestellen."

„Sie, Sie würden ihm helfen?" Herr K. hatte Gleichgewicht und Fassung verloren. Er starrte mich an.

„Warum denn nicht, das ist doch mein Job."

Der Sohn kam. Schwester Oberin hatte mir nach Dienst das Chefarztzimmer aufgeschlossen, wo wir ungestört jeden Abend Eheberatung halten konnten. Wenn das keine Privilegien sind! Am dritten Abend war schon seine Frau mit. Später, nach meiner Entlassung, kamen sie regelmäßig in mein Beratungszimmer. Und heute sind sie glückliche Eltern einer großen Familie.

Als ich mich von Genossen K. verabschiedete, umarmten wir uns. Ich glaube, wir hatten beide Tränen in den Augen.

... wer wird sie finden!

Wie oft schon hatte unser polnischer Freund und Reisebegleiter die Bitte halb zögernd, halb fordernd gesprochen: „Wir wollen im nächsten Ort nach Möglichkeit die deutsche Sprache vermeiden. Die Erinnerungen an vergangene Ereignisse sind dort in der Bevölkerung noch zu stark!"

Und nun standen wir vor unserem neuen Nachtquartier, einem gepflegten Pfarrhaus, das von riesigen Kastanien fast zugedeckt wurde. Er wollte wohl schon wieder warnen, bemerkte aber dann nur so nebenbei: „Der Prälat, ein guter Freund von mir, war mit allen Geschwistern in eine deutsche Gegend verschleppt." Dann drückte er auf den Klingelknopf.

Wir wären am liebsten fortgerannt. Dürfen wir denn die schon fast sprichwörtliche polnische Gastfreundschaft auch hier so gedankenlos in Anspruch nehmen? Wenn man wenigstens die Sprache beherrschte! Die Tür wurde geöffnet, und eine vornehme, resolut aussehende Dame mittleren Alters begrüßte temperamentvoll unse-

ren Quartiermeister, dann uns, die wir mühsam einige
polnische Grußworte stammelten. Soviel glaubten wir her-
auszuhören: Gar kein Problem! Das Pfarrhaus besitze
genügend Schlafgelegenheiten. Wir seien herzlich will-
kommen.

Als uns unser Freund aber nun in deutscher Sprache
erklärte, das sei die Schwester des Pfarrers, die ihm die
Wirtschaft führe, und sie freue sich, daß wir … Der Herr
Prälat sei aber im Augenblick …, da geschah etwas, was
unsere Peinlichkeit in Schrecken verwandelte: ihr Ge-
sichtsausdruck erstarrte, die Augen weiteten sich. – Was
war geschehen? Hatte er ihr denn vorher nicht erklärt,
wer wir sind? Waren es vielleicht die ersten deutschen
Worte, die sie nach fünfundzwanzig Jahren hörte! Unser
Atem stockte. Die Zeit schien für Sekunden stillzustehen.
Aber was nun kam, war noch unerwarteter, noch rätsel-
hafter: plötzlich rutschte ihr noch recht unsicher ein deutscher Fluch über die Lippen, dann ein Schimpfwort, noch
eins, wieder ein Fluch. Eine ganze Kanonade brodelte mit
steigender Lautstärke und Geschwindigkeit aus ihr heraus – und an uns vorbei. Die Worte trafen uns nicht. Und
im selben Maße löste sich ihr verkrampftes Gesicht und
hellte sich auf. Sie lächelte plötzlich verschmitzt, lachte,
schluckte, bis die Tränen Schimpf, Fluch, Gelächter und
alles miteinander erstickten.

Dann packte sie uns auf einmal, umarmte uns alle und
schleppte uns ins Eßzimmer, was unsere Verwirrung nur
noch steigerte. Dort bediente sie uns und begann in
einem fließenden und akzentfreien Deutsch zu plaudern.
Wir begriffen nichts mehr. Das war zu plötzlich über uns
hinweggebraust. Fassungslos ließen wir alles mit uns geschehen.

Erst viele Stunden später, als wir trotz Übermüdung
keinen Schlaf finden konnten, dämmerte uns eine Erklä-

rung: Sie mußte wohl durch die Sprache der „Herren-
menschen" und Sklavenhalter von damals erst zu uns finden.

Nun aber wurden wir bewirtet! Was Küche und Keller
nur hergaben, erschien auf dem Tisch, bis unsere Magen
streikten. Sie holte alles selbst heran, sie räumte weg. Niemand durfte aufstehen, um ihr zu helfen. Wer den Versuch
machte, den traf ihre Drohung: „Hören Sie, ich beherrsche auch der Gosse liebste Wörter!" Das half, wir blieben folgsam.

Und dann erzählte sie: Ja, sie kenne die Gegenden, von
der Nordsee bis zu den Alpen. Man war ja lange genug
dort.

Wieder staunten wir und begannen zu zweifeln: als
Zwangsarbeiterin? Keiner sprach es aus, aber sie schien
es zu ahnen. „Wissen Sie, ich war nämlich die Älteste,
und da mußte ich ja wohl die Geschwister zusammenhal-
ten. Nur mein Bruder, der Pfarrer, ist älter als ich. Er war
nicht dabei, denn als Priester saß er in Dachau. Aber wir
anderen, meine beiden jüngeren Brüder und die Schwester, unser Nesthäkchen, arbeiteten in verschiedenen
Rüstungsbetrieben Westdeutschlands. Unser dritter, der
jetzt Theologieprofessor ist, hatte damals Glück. Er war
noch Student, und weil er technisch und mathematisch
sehr begabt ist, brauchte man ihn in der Rüstung, und so
entging er dem KZ.

Ach, was haben wir für herrliche Stunden miteinander
verlebt!" – Sie achtete kaum noch auf unsere Zweifel.

„Wenn es nur irgendwie möglich war, trafen wir uns
sonntags an einem anderen Ort und verreisten in die
schönsten Gegenden." „Wie reisten Sie denn?" wagten
wir einzuwerfen. „Mit der Bahn natürlich." – „Aber …!"
„Ja, selbstverständlich wußten wir, daß Menschen zweiter Klasse die Deutsche Reichsbahn nicht benutzen durf-

ten. Darum fuhren wir auch stets erster Klasse. Das gab natürlich verzwickte Situationen, wie Sie sich denken können. Es fuhren ja außer uns fast nur deutsche Offiziere in der ersten Klasse. Und fast immer hatten sie es auf meine Schwester abgesehen – manchmal auch auf mich.

Nie sprachen wir deutsch, sondern regelmäßig wechselten wir die westeuropäischen Sprachen. Einmal wollten die ‚Gentlemen' unbedingt herausfinden, wer wir seien, erst heimlich tuschelnd, dann in aller Offenheit. Wir ließen sie raten – und führten sie an der Nase herum. Schließlich, ehe wir ausstiegen, gaben wir uns geschlagen und bestätigten, daß wir Spanier seien. – Wissen Sie, die ganze harte Arbeitswoche lebten wir armen Sklaven vom vergangenen Sonntag und in der Vorfreude auf den kommenden.

Wie gut tat es uns doch, von diesen höchsten Vertretern der ‚Herrenrasse' mit ausgesuchter Höflichkeit behandelt und von ihnen umworben zu werden! Dann waren wir die Herren! Ich will ja gar nicht leugnen, daß ein kaum noch christlich zu nennendes Rachegefühl uns antrieb, unsere gut geübten Hochstaplerrollen mit immer größerer Perfektion zu spielen." Dabei blitzten und glühten ihre verschmitzten Augen, daß es uns nicht sonderlich schwerfiel, in ihr die gespielte vornehme Senorita zu erkennen.

Ist das nun die Verklärung der Vergangenheit durch einen Erinnerungsoptimismus? fragte ich mich, oder war es nur Höflichkeit und Takt uns gegenüber? „Aber sagen Sie bitte, wie kam es denn, daß man Sie, alle Geschwister zusammen, deportierte?" warf ich ein. „Unsere Familie gehörte zur polnischen Intelligenz, und diese mußte liquidiert werden."

Unser Schweigen wurde durch die Rückkehr des Hausherrn unterbrochen. Ein mächtiger Mann stand im Türrahmen, den er fast ausfüllte. Bald saß er neben uns, erkundigte sich nach unseren Reisezielen, nach den bisherigen Erlebnissen und Eindrücken und wollte etwas über die DDR und ihre Christen hören. Schnell aber waren wir wieder in der Vergangenheit, die wie eine dunkle Wolke über unserem Gespräch lastete. „Hat Sie Ihnen denn auch von ihrem Husarenstreich erzählt?" – Wir verstanden die Frage nicht, merkten aber, daß sie uns etwas vorenthalten hatte und nicht gewillt war, damit herauszurücken. Auf seine Bitte ging sie nicht ein. Als aber unser Reiseführer, Konfrater ihres Bruders und Freund der Familie, in sie drang und nicht lockerließ, begann sie zögernd:

„Über das Leben der verschleppten Zwangsarbeiter drangen damals immer wieder verstreute Berichte nach Polen. Völlige Ungewißheit aber herrschte über das Schicksal der KZ-Häftlinge. Der Rest des polnischen Episkopats hatte keinerlei Nachricht von seinen Priestern. Gerüchte bildeten die einzige Informationsquelle. Wer war noch am Leben, wer nicht mehr? Was geschah wirklich hinter den Hochspannungszäunen? Gab es Hilfsmöglichkeiten? Ich schien für die Aufgabe des Kundschafters prädestiniert, hatte den Bruder dort, beherrschte die deutsche Sprache und besaß keine eigene Familie. Also fuhr ich nach Dachau, trieb mich in der Nähe des Lagers herum und studierte aufmerksam Lageplan, Bewachung und Gepflogenheiten der SS. Nach mehreren Erkundungsfahrten stand mein Entschluß fest: Ich hatte beobachtet, wie deutsche Mädchen ohne Kontrolle an der Lagerwache vorbei zu ihren SS-Liebsten stolzierten. Das mußte mir auch gelingen!

Nach einer intensiven Vorbereitungsarbeit war es soweit: Die Rolle war in allen Einzelheiten geprobt, der Gang geübt, der Jargon eingelernt, alle Eventualitäten vorausberechnet, Kostüm und Frisur auf Stilechtheit geprüft und das Make-up der augenblicklichen ‚großdeutschen Mode' exakt angepaßt.

Vor dem Spiegel hatten Blicke und schnippische Grimassen der Kritik standgehalten. Nun näherte sich die deutsche Dirne dem Dachauer KZ. Mein Gott, wenn ich daran denke, wie mein ganzer Körper vor Angst zitterte! Wenn das nur niemand merkt! ,Ruhig und tief atmen!' befahl ich mir.

Ich hatte erkundet, um welche Zeit die polnischen Priester zur Arbeit in die Plantage marschierten und wie lange sie dort blieben. Aus sicherer Entfernung wartete ich, bis das erste Mädchen sich der Pforte näherte. Ich hinterher, stolz erhobenen Hauptes am Posten vorbei. Er fragte mich, ich reagierte nicht darauf. Da packte er mich. Eine schallende Ohrfeige war die Antwort. Sofort ließ er los. Ich marschierte scheinbar ungerührt weiter – bis zur Plantage. Die arbeitenden Häftlinge schienen mich gar nicht zu bemerken. Ich wanderte an ihnen vorbei, bis ich den ersten polnischen Laut vernahm. Dort fragte ich in Polnisch nach meinem Bruder. Man wies mir den Weg, und ich fand ihn. Sein entgeistertes Gesicht werde ich nie vergessen! Wohin jetzt? Sofort zeigte man uns eine ziemlich dichte Hecke, in der wir uns verkriechen konnten. Gleich häuften die Kameraden große Berge gejätetes Unkraut davor auf. Etwa 1 1/2 Stunde hockten wir beide dort auf dem Boden, von Priesterhäftlingen bewacht, und flüsterten in Eile, was zu besprechen war. Zuerst wußten wir gar nichts zu sagen, es war ja zuviel. Dann berichtete ich kurz über die Geschwister, über Polen und über die Lage an den Fronten. Er nannte Namen und Zahlen, die ich mir einzuprägen versuchte, schilderte Todesblock, medizinische Experimente, Vergasung und zählte diejenigen auf, die schon in die Vernichtungsmühle geraten waren. Auch den Tod eines polnischen Bischofs erfuhr ich. Der Abschied war kurz. ,Nur keine Tränen, nur keine Tränen', hämmerte ich mir ein.

Als die Luft rein war, krochen wir heraus, jeder in eine andere Richtung, ohne uns umzuschauen. Die Kapos schienen nichts bemerkt zu haben. Für mich lag ein großer Blumenstrauß bereit als Alibi. Viele Priester gaben mir heimlich ihren Segen.

Der Rückweg schien noch schwerer zu sein. War es das erdrückende Gewicht der Wahrheit, die nun auf mir lastete? Ich sollte die Gewißheit hinaustragen, die Gewißheit unvorstellbarer Grausamkeit und Unmenschlichkeit, das Wissen von planmäßigem Massenmord und von Menschen, die sich zum Werkzeug dieses satanischen Systems hergaben.

Nun wollten die Beine nicht mehr. Ich stolperte. ‚Haltung, Haltung!' redete ich mir ein. Die schmutzigen Anzüglichkeiten einiger SS-Leute überhörte ich. Aber der Posten am Ausgang wollte mich nicht durchlassen. ‚Bei wem warst du denn, he?' wollte er wissen. ‚Das geht dich gar nichts an!' riß ich mich los. ‚Das nächste Mal komme ich zu dir!' rief ich ihm noch über die Schulter nach. Erst als ich außer Sichtweite war und einen geschützten Winkel gefunden hatte, sank ich zusammen, und aller Jammer brach aus mir heraus …"

„Und durch meine Schwester erfuhr die polnische Kirche von ihren Priestern und Bischöfen in Dachau", ergänzte der Prälat.

Eine starke Frau, wer wird sie finden!

Nachbemerkung

Dieser Bericht sollte 1974 im „Jahr des Herrn" erscheinen. Da teilte die „nicht existierende Zensurstelle" dem St. Benno-Verlag mit:

„Eine Phantasiegeschichte dieser Art ist den Lesern der DDR nicht zumutbar. Deshalb muß die Druckgenehmigung verweigert werden. Sollten dem Bericht jedoch historische Fakten zugrunde liegen, müßte der Verfasser das belegen."

Ich schrieb unserem Freund und Reisebegleiter nach Krakau, dieser dem zuständigen polnischen Bischof. Als dann von dort die mit amtlichem Siegel versehene Bestätigung eintraf, daß der Bischof für die Wahrheit der berichteten Tatsache einstehe, da er die betreffende Dame persönlich kenne, konnte dieser Beitrag dann doch noch erscheinen.

Peinliche Verwechslung

Wenn mich meine Erinnerung nicht täuscht, war das erste im Gebiet der DDR gebaute Auto ein BMW. Bald aber wurde dem Werk durch höchstrichterliches Urteil das Tragen dieses Namens aberkannt. Die Firma nannte sich nun „Eisenacher Motorenwerke", und das Produkt hieß „EMW". Später wurde der berühmte „Wartburg" daraus.

Der Besitz eines Autos bedeutete ja im „Arbeiter-und-Bauern-Staat" ein ganz besonderes Privileg. Bis zum Untergang dieses Staates durfte ein Werktätiger 10 bis 15 Jahre darauf warten.

Ein emeritierter Professor für Marxismus an der Humboldt-Universität erzählte mir einmal voller Verbitterung, daß man ihm soeben zu seinem achtzigsten Geburtstag einen „Trabant" geschenkt habe. Er zeigte mir die feierliche Schenkungsurkunde. – Bezahlen mußte er ihn selbst.

Die Kirchen der DDR konnten überhaupt kein Fahrzeug erwerben – auch nach zwanzigjähriger Wartezeit nicht. Für Westgeld allerdings erhielten sie es nach einer

Lieferzeit von vier Wochen. So mußten die westdeutschen Christen alle Kraftfahrzeuge der ostdeutschen Kirchen finanzieren.

An bestimmten Autotypen konnte man mit einiger Sicherheit darauf schließen, von welcher Sorte der Besitzer war. Der Mann auf der Straße nannte damals einen vorüberfahrenden EMW verächtlich „Bonzenschleuder". Es geschah in jenen Anfangsjahren, daß der Herr Generalvikar des Bistums Meißen und zwei Domkapitulare von Bautzen nach Berlin zu einer Konferenz fuhren. Zu dieser Zeit gab es tatsächlich noch Winter mit Schneestürmen und tiefen Kältegraden.

Auf halber Strecke streikte der Motor und ließ sich weder durch gütliches Zureden noch durch Drohungen besänftigen. Auch reichte die Summe des gemeinsam vorhandenen technischen Wissens nicht aus.

Kundige Insider werden sich der Bemerkung nicht enthalten können, daß den betroffenen Herren die Fähigkeit des Fluchens noch zusätzlich abging. Wobei auch bei der Anwendung dieses heutzutage sehr gebräuchlichen Mittels der Erfolg in Form eines Sinneswandels des störrischen Autos mit einer gewissen Berechtigung angezweifelt werden darf – insbesondere bei Christenmenschen.

Was blieb dem vielgeplagten Bischofschauffeur schon anderes übrig, als sich zu Fuß auf den Weg durch den hohen Schnee zu machen, um in irgendeinem Dorf telefonisch Hilfe heranzuholen.

Man nannte ihm die nächstgelegene Werkstatt, und er bekam den Meister an den Apparat. Der erkundigte sich nach dem Autotyp – es war ein EMW – und versprach, so schnell wie möglich zu kommen.

Der Chauffeur war längst wieder zurück, aber der Meister noch immer nicht da. Die Prälaten hatten inzwischen Brevier und Rosenkranz gebetet, dann aber vor Kälte nicht mehr sitzen können, waren ins Freie geflüchtet, wo sie sich bei dem Schneesturm aber auch nicht erwärmen konnten.

Als der „Retter" nach fast zwei Stunden erschien, eilfertig aus dem Wagen sprang, um seine gut einstudierte Erklärung für die Verspätung mitleidsvoll vom Stapel zu lassen, erstarrte er plötzlich, als er in den verschneiten und fast erfrorenen älteren Herren hochrangige katholische Geistliche erkannte. „Mein Gott!" schrie er auf, „Gelobt sei Jesus Christus! Ich bin der Kolpingsenior unserer Gemeinde. Als ich EMW hörte, sagte ich mir, diese elenden Parteibonzen mögen ruhig erst einmal ordentlich durchfrieren. Das kann ihnen gar nicht schaden. Verdient haben sie es längst … Wenn ich aber das gewußt hätte …! – Bitte, verzeihen Sie mir!"

Während die hochwürdigen Herren im warmen Wagen des Meisters langsam aufzutauen begannen, tauchte dieser unter die Motorhaube und brachte mit einiger Mühe den Motor wieder zum Laufen. Zur Caritas-Konferenz kamen die Herren wohldurchwärmt und fast pünktlich.

Der EMW, so hörte man später, wurde sofort nach der Rückkehr verkauft.

Als die Japaner kamen

„Schreib es auf!" hat man mir gesagt. „Du mußt alles aufschreiben!"

„Wen wird es interessieren?"

„Wir müssen sie zusammentragen, jene Mosaiksteine, die das Leben der Christen in der DDR prägten."

Da sitze ich nun und ärgere mich: Hätte ich mir damals doch Notizen gemacht, Namen, Orte, Daten festgehalten!

Es ist ja so viel geschehen in fünfundzwanzig Jahren …
Die Öffnung der Stasi-Akten beweist die Richtigkeit jenes
Grundsatzes: keine Aufzeichnungen, nur keine Notizen!

So unsagbar schlimm vieles war, ein wenig hat es ja auch
Spaß gemacht, die Häscher irrezuführen und zu überlisten.
Meine Briefe trugen regelmäßig falsche Absender, wurden an verschiedenen Orten eingeworfen und gelangten
auf Zickzackwegen ans Ziel und zurück. Warum, so fragte ich mich damals, müssen eigentlich die Kinder der Fin-
sternis allweil klüger sein als die Kinder des Lichtes?

Absprachen fanden auf Parkplätzen der Transitauto-
bahnen oder in der Tschechei statt.

Eines Tages schien nach menschlichem Ermessen alles
vorbereitet. Jetzt wurde nur noch gebetet.

Der schon damals legendäre „Lumpensammler von Tokio", Franziskanerpater Gereon Goldmann, hatte mit einer
Gruppe von 36 Neugetauften aus dem Elendsviertel von
Tokio-Itabashi eine Pilgerreise ins Heilige Land geplant
und wollte dabei Berlin besuchen. Am Dreifaltigkeitssonn-
tag des Jahres 1967 sollten wir mit ihm in der „Hauptstadt der DDR" zusammentreffen. Franz Hellwig, der
Pfarrer von St. Augustinus in der Dänenstraße, hatte mit
einigen Auserwählten seiner Gemeinde alles im Stillen
vorbereitet. Kardinal Bengsch war „konspirativ" einge-
schaltet, hatte den Kurierdienst übernommen und wollte
im Hintergrund als letzter Nothelfer in Bereitschaft stehen.

Am Freitag war die Pilgergruppe in Westberlin gelandet und hatte dort Quartier bezogen.

Am Samstag unternahm Pater Gereon einen probewei-
sen Versuch, die Grenze zwischen beiden Welten zu pas-
sieren. Als alles geradezu routinemäßig und ‚ohne besondere Vorkommnisse' vonstatten gegangen war, schaute er
sich nach einem der diensthabenden Grenzoffiziere um,

näherte sich ihm und bat ihn um Auskunft: „Entschuldigung, ich bin das erste Mal in der DDR. In Westberlin wartet eine japanische Reisegruppe auf mich, die gern einmal die Hauptstadt der DDR kennenlernen möchte. Ist das möglich?"

„Aber selbstverständlich!" – „Gibt es denn hier auch Kirchen und Gottesdienste? Wir wissen ja kaum etwas über das wahre Leben im Sozialismus." – „Bei uns herrscht Religionsfreiheit. Diese ist sogar vom Staat geschützt." – „Wissen Sie, ich bin nämlich katholischer Pfarrer. Und morgen kommt niemand nach dem Osten mit, wenn ich ihnen hier nicht einen Gottesdienst halten kann. Und Sie meinen, das dürfte ich?" – „Ich habe Ihnen das doch eben erklärt", er wurde fast böse, „die DDR schützt die Religionsfreiheit und kämpft für Frieden und Völkerverständigung." – „Und ich bete dafür! Dann gehören wir ja zusammen!" Pater Gereon streckte ihm die Hand entgegen. Nach kurzem Zögern schlug der Offizier ein. „Ich mache Ihnen einen Vorschlag: Kommen Sie morgen gleich gegen 8 Uhr früh, da bin ich im Dienst, und der Ansturm ist noch nicht so groß."

Im Pfarrhaus saßen wir dann bei einem guten Glas Bier zusammen und besprachen den kommenden Tag. Kardinal Bengsch wurde über den Stand informiert. Nun konnte eigentlich nichts mehr schiefgehen. Wir erfuhren erschütternde Taufgeschichten derjenigen, die wir morgen sehen würden. „Taufgeschichten, die nur der Heilige Geist schreiben kann", meinte der Pater. Er berichtete, unter welchen Opfern manche Familie Jahre hindurch oft in zwei Berufen gearbeitet hatte, um einem diese Pilgerreise ermöglichen zu können. „Ich habe nicht einen einzigen vermögenden Mann in meiner Lumpensammlergemeinde."

Keiner von ihnen war jemals aus Japan herausgekommen, der Pater war der einzige Ausländer, den sie je gesehen hatten, und nun fieberten sie dem morgigen Tag entgegen: bei Christen der kommunistischen Welt. „Eine Bitte habe ich noch", wandte er sich an mich, „versuche morgen den Deutschen zwei Dinge ganz vorsichtig so beizubringen, daß meine Leute nichts davon merken: Erstens möge niemand einem Japaner die Hand reichen, wenn der es nicht zuerst tut. In Japan gibt es keine körperlichen Berührungen unter Fremden. Man begrüßt und verabschiedet sich per Distanz durch tiefe Verneigung. Zweitens: Die meisten Japaner haben noch nie mit Messer und Gabel gegessen, obwohl ich mit ihnen bereits ein wenig geübt habe. Sag es den Deutschen, sie mögen auf keinen Fall beim Essen hinschauen! Für einen Japaner gehört es zu den peinlichsten Erlebnissen, ‚sein Gesicht zu verlieren', verstehst Du?"

Am Sonntagmorgen stand ich pünktlich vor dem Ausländerausgang am Bahnhof Friedrichstraße. Es dauerte nicht lange, da trippelten die ersten kleinen Japanesen unsicher hervor. Mir fiel im Augenblick nichts anderes ein, als „Pater Gereon Goldmann" zu sagen, gewissermaßen als Erkennungswort. Das wirkte wie ein Startschuß: in allen Gesichtern erstrahlte das sprichwörtliche Lächeln, und alle verneigten sich tief vor mir. Erst als auch der letzte die Kontrolle passiert hatte, kam der lange Pater – im Franziskanerhabit.

Neugierig, scheu oder auch belustigt wurde er in der S-Bahn beäugt, als wir zum Treptower Park fuhren. Dort führte uns Pfarrer Riedel durch das Sowjetische Ehrenmal. Das wird mir unvergeßlich bleiben, wie er es verstand, die Anlage als pseudoreligiösen Kreuzweg und die in russischer und deutscher Sprache eingemeißelten Hymnen als Imitationen der Psalmen und der Geheimen Offenbarung des Neuen Testamentes zu deuten: „Lob und Dank und Ehre ..."

*Die Japaner mit
P. Gereon am
Treptower Ehrenmahl*

Er sprach so leise, daß nur wir ihn verstehen konnten. Pater Gereon aber übersetzte alles laut und vernehmlich. Welch ein triumphales Gefühl für uns! Die Wahrheit wurde in aller Öffentlichkeit ausgesprochen – wenn auch japanisch!

Eine Gruppe sowjetischer Soldaten näherte sich uns. Wir redeten sie russisch an, um vielleicht ein Gespräch mit den Japanern in Gang zu setzen. Sie schienen jedoch taub zu sein und entfernten sich schnell – voller Angst.

Mit den Worten: „Entschuldigen Sie bitte!" ging ich auf eine deutsche Gruppe zu, die von einem SED-Mann geführt wurde. „Hätten Sie die Freundlichkeit und würden den Japanern einmal Ihr Parteiabzeichen zeigen?" Ich erschrak vor mir selbst. Welcher Schalk hatte mich zu dieser Dreistigkeit verleitet? War es das hochgespannte Gefühl, ausgerechnet hier, in der Höhle des Löwen, einmal vollkommen frei zu sein, mit diesen fernöstlichen Menschen verbunden erstmalig zur großen Welt zu gehören?

Zu Überlegungen, wie das Abenteuer ausgehen könnte, war keine Zeit. Die Deutschen auf unserer Seite erstarrten und hielten den Atem an. Der Genosse fingerte umständlich an seinem Revers herum, löste das Abzeichen und ging auf Pater Gereon zu: „Ich schenke es Ihnen!" Verdutzt bedankte er sich und steckte es an seine braune Franziskanerkutte. Das spontane Gelächter der deutschen und der japanischen Christen war nun nicht mehr zu bremsen. Ich konnte nur hoffen, der Genosse möge es nicht ‚falsch' verstehen!

Als um elf Uhr der Gottesdienst in St. Augustinus begann, war die große Kirche so überfüllt, daß sich dichte Menschentrauben noch vor den offenen Türen drängten. Aus dem gesamten Gebiet der DDR waren sie angereist, vom Kamm des Erzgebirges bis zum Ostseestrand. Unser Kirchenchor hatte einen eigenen Bus gechartert und sang unter der Leitung von Kantor Wenk eine Palästrina-Messe. Das hatte wahrlich noch keiner von uns erlebt: Mit Menschen des Fernen Ostens eine Eucharistiefeier gemeinsam lateinisch zu singen und zu beten. Lesungen und Fürbitten abwechselnd in Deutsch und Japanisch. Das Evangelium verkündete den Missionsauftrag Christi an seine Apostel. Das Halleluja von Händel krönte diesen unvergeßlichen Gottesdienst.

In allen Räumen des Pfarr- und Gemeindehauses schloß sich nun eine große Agape an. Anfangs gingen sich die Deutschen und die Japaner scheu aus dem Wege. Man hatte uns ja niemals erlaubt, mit Ausländern Kontakt aufzunehmen oder gar zu pflegen. Es war staatsgefährdend. Dazu kam die vornehme Zurückhaltung der Japaner, von denen kein einziger deutsch sprechen konnte, und niemand von uns verstand Japanisch. Aber bald entdeckten junge Leute, daß all unsere Gäste englisch sprachen. Nach kurzer Zeit saßen überall gemischte Gruppen beisammen, in ernste Gespräche vertieft. Ich sehe heute noch Pfarrer Hellwig und seinen Kaplan, wie sie sich durch die Menschenmassen zwängten, jeder einen Kasten Limonade auf der Schulter, rechts und links austeilend – Jünger des Herrn!

Im Wechsel erfreuten uns die beiden Chöre mit deutschen und japanischen Frühlingsliedern. „Komm, lieber Mai, und mache die Bäume wieder grün" konnten wir sogar gemeinsam zweisprachig und mehrstimmig singen.

Mit allen verfügbaren Autos wurde nun eine Stadtrundfahrt inszeniert, bei der wir ihnen unter anderem die Mauer von der Ostseite her präsentierten. An einer Stelle konnte man die Menschen auf der Westseite erblicken, wie sie auf ihren Balkonen Kaffee tranken, zum Greifen nahe, durch Welten getrennt.

In der St.-Hedwigs-Kathedrale gestaltete der Schirgiswalder Kirchenchor ein Marienlob, das in einem Magnifikat gipfelte. Der Chor überbot sich selbst. Die Akustik dieser Rundkirche verstärkte die Vieldimensionalität dieses musikalisch-religiösen Erlebnisses.

In schweigender Ergriffenheit fuhren wir dann nach St. Augustinus zurück.

Dort erwartete uns schon Kardinal Alfred Bengsch. Er konnte sich erst nach einer soeben beendeten Firmungsreise für uns freimachen. Durch mehr oder weniger feierliche Begrüßungen und gegenseitiges Überreichen von kleinen Geschenken im Hof des Pfarrhauses gelang es nicht, die ehrfürchtig-steife Distanz zu einem so hohen kirchlichen Würdenträger zu überwinden. Pater Gereon, der eifrig dolmetschen mußte, bat die Leiterin seines Chores, zu Ehren des Kardinals etwas solo zu singen. Diese kleine, zierliche, fast zerbrechliche junge Dame wehrte lächelnd

Die Japaner bringen Kardinal Bengsch ein Ständchen dar

ab: Sie könne jetzt nicht singen, weil sie schon so lange
nichts mehr gegessen habe. Sie entfernte sich und kehrte
nach wenigen Minuten wieder zurück. Ein Stützgerüst
hielt ihren Kopf aufrecht. Und sie sang, wie wir alle noch
nie hatten jemanden singen hören: eine japanische Nach-
tigall, begleitet von einer Berliner Amsel, die sich tatsächlich dazugesellt hatte. – Später erfuhr ich, daß sie gerade
ein körperliches Martyrium überlebt hatte. – Veronika
Hashimoto ist heute die musikalische Leiterin des von Pater Gereon gegründeten Institutes St. Gregorius in Tokio,
der einzigen Ausbildungsstätte für Kirchenmusiker in ganz
Ostasien. –

Und dann saßen wir alle dichtgedrängt um den Kardinal herum, und es entwickelte sich ein lebhaftes Gespräch.
Die Japaner stellten Fragen: nach Jugendorganisationen
in der DDR, nach katholischen Krankenhäusern, nach moderner Kirchenmusik. Auf die Frage nach katholischen

Schulen antwortete der Berliner Bischof wörtlich: „Katholische Schulen gibt es ein einziges Exemplar, und zwar in Berlin, die ist übriggeblieben, die ham se verjessen aufzulösen." Ob denn der Staat in den Priesterseminaren Einfluß auf die Erziehung der Theologiestudenten ausübt, wollten die Japaner wissen. „Wir ham hier die hübsche Erfindung: Trennung von Kirche und Staat. In unseren Institutionen wird keine erzieherische Funktion vom Staat ausgeübt. Nur in den Krankenpflegeschulen gibt es gesellschaftskundlichen Unterricht."

„Womit verbringen die jungen Leute hier ihre Freizeit, was wird ihnen geboten?" –

„Westfernsehen!"

Gesprächsrunde

Fragen und Antworten wurden immer humorvoller. Großen Spaß gab es schon mal, als plötzlich zur Sprache kam, daß Pater Gereon im Krieg eine kurze Zeit als Feldwebel unmittelbarer Vorgesetzter von Alfred Bengsch gewesen war – ein gestrenger „Spieß"!

Schließlich legte der Kardinal los. (Glücklicherweise existiert davon noch eine Tonbandaufnahme!)

„Sag's denen mal! Ich war da in Zinnowitz an der Ostsee, in dem Kinderheim. Da sind so 300 Kinder zur Erholung. Und da hab´ ich mich auch erholt und in einer Sandkuhle gelegen, etwas seitab. Die Schwestern ham uffjepaßt, daß keiner mich stört. Da kam ein elfjähriger Junge und sagte: ‚Ha Bischof, Se liejen hier so alleene. Ick wer Ihnen mal unterhalten'!" (Gelächter der Deutschen) Pater Gereon begann schon mit dem Übersetzen. „Na warte, jetzt geht es ja weiter. – Da sag ich zu ihm: ‚Hau ab!' – Da sagt der: ‚Sehn Se mal, Jesus hat jesagt, ‚laßt die Kinder zu mir kommen!'" (Lachsalven der Deutschen, und nach der Übersetzung Gelächter der Japaner.)

„Ein Mädchen hat mich mal gefragt, warum ich solche Schnallenschuhe trage. Da hab' ich ihr geantwortet: ‚Das war die Hoftracht im Mittelalter.' Da hat sie 'ne Weile nachgedacht und gesagt: ‚Da ham Se aber Glück gehabt, daß die keene Reiterstiefel trugen!'" Pater Gereon schaute schon mehrmals auf die Uhr. Die Japaner hatten für den Sonntagabend teure Karten für die Westberliner Oper. Die meisten hatten noch nie eine Oper erlebt, niemand bisher eine deutsche. Wir Deutschen mußten am Montagmorgen fast alle wieder an unserem Arbeitsplatz sein.

So beendeten wir diesen unvergeßlichen Tag mit dem Angelusläuten vom Kirchturm St. Augustinus und baten Kardinal Bengsch um den bischöflichen Segen.

Mit unseren Trabis, Wartburgs und Skodas brachten wir die Pilgergruppe nun zum Bahnhof Friedrichstraße. Dort berichtete mir Pater Gereon, daß die Japaner ihm soeben mitgeteilt hätten, es sei ihnen nach den Erlebnissen dieses Dreifaltigkeitssonntages unmöglich, in die Oper zu gehen. Sie seien nur noch fähig, den Abend im Gebet zu verbringen.

Ihre kostbaren Opernkarten ließen sie verfallen.

Zum Abschied verneigten wir Autofahrer uns vor ihnen. Da kamen sie alle spontan auf uns zu, drückten uns die Hand und schüttelten sie. Als wir wieder in unsere Wagen stiegen, versuchten wir die Tränen voreinander zu verbergen.

Pfarrer Franz Hellwig hatte wohl den Nagel auf den Kopf getroffen, als er den japanischen Neuchristen zum Abschied zurief: „Sie haben uns ein Stück Himmelsherrlichkeit in dieses Tal der Tränen gebracht!"

Erst später wurde mir bewußt: Wir hatten ja tatsächlich an diesem Tag unsere DDR-Wirklichkeit mit ihrem Stasi-Terror vergessen!

Als der Lumpensammler von Tokio die DDR besuchte

Pater Gereon Goldmann hegte den dringenden Wunsch, einmal die DDR zu besuchen: Seine Vorfahren stammten aus dem Eichsfeld, wo auch sein treuer Mitstreiter, der Franziskanerbruder Daniel, zu Hause war.

Die von Pater Gereon erbaute Lumpensammlerkirche in Tokio-Itabashi und ihre Gemeinde sind der heiligen Elisabeth von Thüringen geweiht. Und im Laufe der Jahre hatte sich bei uns, in Polen und in der Tschechei ein ansehnliches Heer von Betern gebildet, die sein Werk in Japan und Indien unterstützten.

Wie war das zu arrangieren? Ich dachte zunächst an Männer der Politik, die genügend Macht und Einfluß besaßen. So rückte ich einem der ranghöchsten CDU-Funktionäre auf den Pelz; der mir in seiner Stellung fast allmächtig erschien. Wußte ich doch, daß er im Auftrag seiner Partei in ganz Europa umherreiste, von allen möglichen christlichen Gremien eingeladen wurde, bei „Pax Christi" als ständig hofierter „Vertreter der Christen der DDR" fast zu Hause war – obwohl längst aus der Kirche ausgetreten, hatte er bereits den Antrag auf SED-Mitgliedschaft gestellt. Dies aber wurde abgelehnt und ihm der Parteiauftrag erteilt, auf dem vorgeschobenen Posten an der Spitze der CDU auszuharren. Ich versuchte, mich auf unsere alte, noch aus seiner aktiven Zeit in der Pfarrjugend stammende Freundschaft zu berufen.

„Könntest du als Prominenter ihn einladen?"

Er lehnte strikt ab.

„Und wenn dich ein Geistlicher von ‚Pax Christi' darum bitten würde, weil er dich gern besuchen und z. B. Dresden kennenlernen möchte?" – „Ich würde es nicht tun, denn ich kann gegen unsere Gesetze nicht verstoßen. Und diese bestehen zu Recht."

Also machte ich mich auf den Weg zu einem Volkskammerabgeordneten der CDU, von dem ich wußte, daß er sich nicht verkauft hatte und weiterhin aktiv in seiner katholischen Gemeinde tätig war. Sofort versicherte er mir seine Bereitschaft, sich an höchster Stelle dafür einzusetzen.

Seine Verhandlungen endeten in der geschlossenen psychiatrischen Station des Regierungskrankenhauses Berlin-Buch. Inzwischen hatte die DDR diplomatische Beziehungen zu Japan aufgenommen. Pater Gereon beantragte in der Botschaft in Tokio eine Einreiseerlaubnis für Erfurt und Eisenach. Für gute Dollars erhielt er bedenkenlos die Papiere und ein Hotelzimmer in Mühlhausen.

An der Grenze erklärte man ihm, daß er nicht würdig sei, den geheiligten Boden des Sozialismus zu betreten, und jagte ihn davon. Es hat noch Jahre gedauert, bis er sein Geld erstattet bekam.

Damals bestätigte sich mein langgehegter Verdacht: Der eigentlich wahre und echte Feind des Sozialismus konnte nicht der vielbeschimpfte und geschmähte Kapitalist sein. Mit ihm betrieb man mehr oder weniger dunkle Geschäfte und begoß ihren profitablen Abschluß im Kreml mit Krimsekt. Der am meisten gefürchtete „Klassenfeind" war der sozial tätige Mensch. Entzog er der Partei doch gerade durch seine aktive Nächstenliebe den Boden für ihre Existenz: er verhinderte den Klassenkampf. Und aus dieser Sicht mußte ich den Chefideologen sogar recht geben.

Noch heute überkommt mich beim Schreiben ein mir sehr bekanntes Gefühl: „Vorsicht! Darf man denn darüber überhaupt schon sprechen? Gefährde ich keinen?"

Aber gleich entgegnet der Verstand:

„Bring es zu Papier! Die Stasi-Zeit ist vorüber. Wir dürfen nicht zulassen, daß all jene Ereignisse dem Vergessen anheimfallen."

Mit meinem damaligen Pfarrer Hermann Scheipers schmiedeten wir einen Feldzugsplan.

– Pfarrer Scheipers hatte sich den Nationalsozialisten nicht gebeugt und mußte dies mit Zuchthaus und KZ Dachau teuer bezahlen. Er war später niemals bereit, sich von der kommunistischen Gewaltherrschaft auch nur das geringste Zugeständnis erpressen zu lassen. -

Zunächst stellte er einen ganz normalen Antrag auf eine Einreiseerlaubnis für seinen Freund Pater Gereon Goldmann. Wie wir vermuteten, wurde dieser abgelehnt – ohne Begründung, versteht sich.

Nachdem alles Für und Wider gründlich bedacht war, wurde nun eine treffsichere Rakete abgeschossen. – Wir waren uns dessen wohlbewußt, daß die Mächtigen nichts ohne „Bezahlung" herausrücken würden. Den Preis dürfen sie fordern, hatten wir beschlossen, aber auf die Bezahlung müssen sie heute noch warten.

Pfarrer Scheipers rief das Staatssekretariat für Kirchenfragen an. Der hohe Herr ließ sich immer wieder verleugnen. So wurde die Sekretärin beauftragt, dem Herrn Staatssekretär mitzuteilen, daß sich Pfarrer Scheipers als Opfer des Faschismus von den „unteren Organen" in beleidigender Weise behandelt fühle. Man verhindere dort aus unerfindlichen Gründen, daß er seinen alten Freund und Mitstreiter im Widerstand empfangen könne. Er bitte Herrn Staatssekretär dringend um Hilfe.

– Wahr ist, daß Pater Gereon mehrmals den Häschern Hitlers nur mit knapper Not entgangen war und so auch der Strangulierung in Berlin-Plötzensee entkam. –

Tägliche Anrufe in Berlin brachten nur Versprechungen und Vertröstungen. Als aber Pfarrer Scheipers der Sekretärin dann mitteilte, daß er sich leider gezwungen sehe, den ganzen Vorgang am kommenden Sonntag in allen Gottesdiensten der Gemeinde zu verkünden, traf in zwei Stunden die telefonische Nachricht ein, daß die Einreisepapiere sofort in Bautzen abzuholen seien.

Als der „Lumpensammler von Tokio" am 25. 6. 1976 in Berlin die Staatsgrenze überschritt, schien sich niemand für ihn oder sein Gepäck zu interessieren. Er wurde überhaupt nicht kontrolliert. Damit begann das Unbegreifliche und nahm seinen Lauf.

Am Sonntag, dem 27. 6., predigte er in Schirgiswalde in fünf Gottesdiensten und hielt am Abend in der überfüllten Kirche mit einem spannenden Vortrag über die Mission in Japan seine Zuhörer in Bann.

Nachdem er in den nächsten Tagen vor Kindern, Jugendlichen, Eltern und Geistlichen der Ökumene gesprochen hatte, begaben wir uns auf DDR-Tournee.

Die große evangelische Stadtkirche von Schwarzenberg im Erzgebirge füllte sich bis zur obersten Empore an einem ganz gewöhnlichen Wochentagsabend. Rat- und hilflos

Hl. Messe in Schirgiswalde

starrten die Volkspolizisten vor ihrem Hauptquartier auf das Geschehen gegenüber am Kirchenportal. Es schien, als ob die halbe Stadt auf den Beinen wäre, um diesen Mann erleben zu können. Aber die VP hatte keine Anweisungen …

In Sosa läuteten sämtliche Glocken, als die Pfarrer des Ortes den Franziskaner die Dorfstraße entlang zur Kirche geleiteten, wo der Posaunenchor dem Gast einen geradezu triumphalen Empfang bereitete. Nur mit größter Mühe gelang es dann, die Behinderten in ihren Rollstühlen noch durch die überfüllten Gänge zum Altarraum zu bugsieren. Mit unserem Wartburg standen wir in Potsdam vor der mächtigen katholischen Pfarrkirche „St. Peter und Paul". Das Portal war verschlossen und keine Menschenseele zu sehen. Was nun? Da hielt ein Trabant. Ich rannte hin. „Entschuldigen Sie bitte, sind Sie Herr Pfarrer?"

„Nein", antwortete der alte Herr am Steuer, „ich bin nur ein Jesuit und vertrete den Pfarrer heute im Beichtstuhl, damit er den Vortrag hören kann. Aber ich schließe sofort die Kirche auf, da können Sie gleich zur Beichte kommen. Sie waren sicher lange nicht mehr beichten!"

„Wir suchen eigentlich den Ort, wo der Vortrag stattfinden soll, und dachten, das wäre die Kirche."

„Der Vortrag ist im Saal des Josefskrankenhauses. Aber kommen Sie ruhig erst mal zur Beichte!"

Pater Gereon war ausgestiegen.

„Ist das der berühmte Franziskanerpater Goldmann?" Als ich es bejahte, rief er zu ihm hinüber: „Mein Vater war auch Franziskaner!"

„Dann muß er seiner Zeit ja sehr voraus gewesen sein", antwortete Pater Gereon.

„Er war nur drei Tage im Kloster. Dann ist er ausgerissen."

Vom Lachen geschüttelt, erreichten wir St. Josef im letzten Augenblick.

In Lehnin erklärte man uns, daß der Pfarrer Engels und die Seelsorgehelferin Marx hießen. Marx und Engels in Lehnin!

Ich glaube, der Pfarrer hieß wohl in Wahrheit Pater Engler.

Unser erster Besuch in Erfurt galt Bischof Hugo Aufderbeck. Er hatte für den Abend besonders die Jugend der Stadt und der Umgebung in den Dom eingeladen und dafür eigens ein kurzes Hirtenwort von allen Kanzeln verlesen lassen.

„Ich komme soeben von einem meiner routinemäßigen Gespräche mit den Staatsorganen", berichtete der Bischof. „Dort muß ich mir regelmäßig Beschwerden über Pfarrer und Kapläne anhören, die angeblich in ihren Predigten oder im Religionsunterricht staatsgefährdende Äußerungen getan hätten. Und ebenso regelmäßig gebe ich dann die Versicherung ab, die Angelegenheit mit den betreffenden Herren zu klären. Heute aber wartete ich gespannt, wann Ihr Name fallen würde." Er schaute Pater Gereon an. „Die Herrschaften müssen doch spätestens seit Sonntag über die heutige Veranstaltung im Dom informiert sein. Aber es kam nichts. Als ich mich artig verabschiedet hatte, blieb ich in der Tür noch einmal kurz stehen, wandte mich um und bemerkte: ‚Übrigens, ich habe Besuch von einem Franziskanerpater aus Japan. Er wird heute abend in der Andacht im Dom ein Grußwort sprechen.'

Da keinerlei Reaktion erfolgte, betrachte ich dies als Billigung. Die ´Andacht´ ist also legalisiert."

Das „Grußwort" im vollen Dom am Wochentagsabend weitete sich dann unversehens zu einer eineinhalbstündigen Predigt aus. Die Zuhörer waren, wie wir es überall erlebt hatten, bis zur letzten Minute gefesselt. Vor dem gotischen Portal nahm ich anschließend das Echo der Alten und der Jungen wahr: Begeisterung und Betroffenheit, zugleich auch Murren gegen ihren Bischof: „Mußte er denn unbedingt die Predigt so zeitig stoppen!" Weil bisher alles so unerwartet reibungslos und ohne Zwischenfälle verlaufen war, bat Bischof Hugo den Pater, am kommenden Sonntag bei der Frauenwallfahrt auf dem Kerbschen Berg bei Dingelstädt auch ein „Grußwort" zu sprechen. Dort waren dann einige Zehntausende versammelt und fühlten sich verbunden mit den Neuchristen in den Slums von Tokio.

Was solche Verbindungen für uns bedeuteten, das wird immer nur einer verstehen können, der in der DDR gelebt hat, wo eine Beziehung zu westdeutschen Christen bereits als staatsgefährdend interpretiert wurde. Wird man uns in einigen Jahren überhaupt noch glauben, daß es im „Arbeiter-und-Bauern-Staat" Bürger gab, die offiziell und

Vor dem Portal der Meißner St. Benno-Kirche

schriftlich die Verpflichtung eingehen mußten, alle Kontakte zu westdeutschen Freunden und Verwandten abzubrechen? Auf unserer Reise wurde es endlich möglich, daß Pater Gereon sich zwei langgehegte Wünsche erfüllen konnte: Einmal durfte nun die immer wieder vereitelte Wallfahrt zu den Stätten der hl. Elisabeth in Eisenach und auf der Wartburg Wirklichkeit werden. Zum anderen erfuhren wir im Eichsfeld, daß das Dorf Birkenfelde bei Heiligenstadt soeben aus dem Sperrgebiet an der Staatsgrenze ausgegliedert worden war. Wir konnten es nun ungehindert betreten. Birkenfelde war im Mittelalter von seinen Vorfahren gegründet worden.

Ich spürte die widersprüchlichen Gefühle in ihm, als wir die Stelle betraten, wo bis 1946 der Goldmannhof gestanden hatte. Jetzt mußten wir uns den Weg durch Morast, Verkommenheit und durch die zusammenfallenden Gebäude der LPG bahnen, an deren zerbröckelnden Wänden vergilbte und zerfetzte Transparente den Sieg des Sozialismus priesen. Immer wieder begegneten wir „unseren tapferen Grenzsoldaten", die in ihren offenen Trabis „das nationale Kulturerbe" vor den „verbrecherischen Machenschaften der Bonner Ultras" schützten.

In der Dorfkirche fanden wir auf den Totentafeln der beiden Weltkriege mehrmals den Namen Goldmann und standen schließlich auf dem Goldmann-Friedhof. Die Chronisten wissen über den Ursprung des Namens folgendes zu berichten: Im Mittelalter hätten die „Goldmänner" das „Gold" aus Heiligenstadt herausgefahren und an die Bauern des Eichsfeldes verkauft. Das durften sie aber nur nachts. Dies war die Quelle ihres Reichtums.

Das „Gold" der Bauern, das waren die Fäkalien. – Goldmänner!

Wenn wir damals fast unbekümmert von Gemeinde zu Gemeinde und von Kloster zu Kloster rollten, kam doch hin und wieder die Frage auf: Wo bleibt denn eigentlich die Stasi? Werden wir im nächsten Ort überhaupt noch ankommen? Wie lange wird man uns noch gewähren lassen? Daß wir nach den geltenden DDR-Gesetzen längst straffällig geworden waren, konnten wir wahrlich nicht leugnen: Ein Ausländer durfte ohne Sondergenehmigung in der Öffentlichkeit weder sprechen noch predigen. Und er tat es mehrmals täglich fast vier Wochen lang. Aber es geschah nichts!

„Eigentlich wäre es jetzt an der Zeit, die Sicherheitsorgane unseres Arbeiter-und-Bauern-Staates wegen fehlender Wachsamkeit zur Anzeige zu bringen. Der Klassenfeind schläft nicht! – Und wozu bezahlen wir sie eigentlich?!" So übermütig lachten wir manchmal im Wagen.

Unser letztes Ziel war Polen. Ich hielt es für ratsam, die Grenze getrennt zu überschreiten. Während ich vorausfuhr, mußte er mit einem Koffer zu Fuß gehen. Wer hatte an den DDR-Grenzen nicht schon seine Erfahrungen mit den unwürdigsten Formen von Verhören, Durchsuchungen und Leibesvisitationen! Vorsicht war geboten.

Mit routiniertem Mißtrauen kontrollierte der polnische Grenzer den Paß und die bereits in Bonn erworbene Einreisegenehmigung. Mit seinem mürrischen Gesicht schien er ausdrücken zu wollen, daß das Ganze hier nur zu seiner, des Grenzers, Schikane inszeniert worden sei. Warum die Menschen ihn nur so belästigten!

Plötzlich hellten sich seine Züge auf: „Missionar Japone?" fragte er. „Ja, ich bin Franziskanerpater in Tokio." Der Pole strahlte und machte ein Kreuzzeichen:

„Moi brat – Bruder Missionar Indonesia! Wo ist Kutte?"

„Im Koffer."

„Wenn Kutte, dann gleich gehen."

Das haben wir uns für die Rückfahrt gemerkt. Und es hat tatsächlich geklappt. Zuerst fuhren wir nach Auschwitz. Der Franziskanerpater Maksymilian Kolbe war ja gewissermaßen als Japan-Missionar Pater Gereons Vorgänger gewesen. In seiner Todeszelle beteten wir gemeinsam. Nächstes Ziel war Niepokalanów, Pater Kolbes Kloster.

Auf der schmierigen Ausfahrtstraße schlug ein von einem Lastwagenrad zurückgeschleuderter Stein in unsere Windschutzscheibe, die mit ohrenbetäubendem Knall in tausend Splitter zersprang.

Im strömenden Regen versuchten wir, uns und das Auto von den Glasmassen zu befreien. Was nun? Rat- und hilflos starrten wir uns an. Plötzlich stockte der Verkehr in der Gegenrichtung, und eine Stimme rief zu uns herüber: „Scheibe, Sie haben?"

„Nein." – „Sie kommen!"

Er winkte uns heran, und wir mußten ihm folgen. Die Fahrt ging von Werkstatt zu Werkstatt, kreuz und quer durch Auschwitz. Aber überall bekam er die gleiche Antwort: „Niema – nichts!" Schließlich hielt er vor seinem

Häuschen am Stadtrand. Seine Garage wurde geöffnet, und ich mußte hineinfahren, während sein Wagen auf der Straße stehenblieb.

Schon waren wir in seiner Wohnung. Tee, Gebäck, Wodka, Schnitten, Bier standen bald für uns auf dem Tisch. Was in Küche und Keller an kostbaren Vorräten verstaut war, es wurde jetzt hervorgeholt und vor uns aufgebaut. Während die Hausfrau uns pausenlos bewirtete, stand der Hausherr im Flur am Telefon und suchte halb Polen nach einer Wartburgscheibe ab.

Er muß viele Stunden telefoniert haben. Erst dann kam er zu uns ins Wohnzimmer, deutete seinen bisherigen Mißerfolg an, gab uns aber immer wieder Zeichen, daß er die Hoffnung noch nicht aufgegeben habe.

Wir hatten bisher noch keine Gelegenheit, uns gegenseitig bekannt zu machen. Nun aber fanden wir überhaupt keine gemeinsame Sprache: die guten Leute konnten nicht Deutsch, wir nicht Polnisch. Was nützten uns nun all die anderen Sprachen, ihnen stand nur ihre Muttersprache zur Verfügung. Als wir im Zimmer allein waren, sahen wir uns um: Wer mögen diese Menschen sein? Es war einfach nicht zu ergründen.

Jetzt erfuhren wir es radebrechend und mit allen verfügbaren Mitteln der Zeichensprache: Herr Foltyn war Ingenieur, Sohn und Tochter studierten. Als wir erklärten, daß wir das KZ besucht hatten, Pater Gereon Franziskaner in Tokio und Confrater von Pater Kolbe sei, griff unser Gastgeber in seine Jacke, holte die Brieftasche hervor, zog zwei Bilder von Pater Kolbe heraus, führte sie ehrfürchtig an die Lippen und schenkte sie uns. Herrn Foltyns Bruder war auch Häftling im Konzentrationslager, hatte es aber überlebt.

Nun wurde ein Freund der Familie herangeholt. Er war Werkmeister, hatte in Deutschland gearbeitet und konnte

dolmetschen. Von ihm erhielten wir die traurige Gewiß-
heit: In ganz Polen sei keine Wartburgscheibe zu finden.
Aber morgen früh würden sie eine zusammenbasteln.
Heute abend ginge es nicht mehr.

Foltyns schleppten die letzte Bierreserve aus dem Keller. Unsere Betten wurden gerichtet, die Wanne mit
Schaumbad bis an den Rand gefüllt, Tücher bereitgelegt
und uns mitgeteilt, ihr Haus sei auch unser Haus. Da die
Gastgeber im Televisor heute noch das Fußball-Länder-
spiel mit Polen erleben wollten, uns aber nicht stören
möchten, gingen sie zu den Freunden gucken.

Sie wünschten uns eine gute Nacht und verschwanden.

Sprachlos starrten wir uns an. Was blieb uns nun noch
anderes übrig, als die Waffen zu strecken, dem unerbittli-
chen Schicksal ins Auge zu schauen, uns seinem Urteils-
spruch zu beugen und die Strafe zu genießen!

Mit einem Glas Tee und etwas Gebäck stand Herr
Foltyn vor meinem Bett und holte mich sanft aus mei-
nem Traumparadies. Der Freund stünde schon vor der
Tür …

In der Garage wurden nun die beiden „organisierten"
Plexiglasscheiben zusammengeschraubt, gesägt, geschnit-
ten, gefeilt und eingesetzt. Anschließend zelebrierten wir
alle gemeinsam ein festtägliches Frühstück mit Bohnen-
kaffee, frischen Brötchen mit Rührei, Speck und Wurst.
Wir sprachen die katastrophale wirtschaftliche Lage Polens
an. Der Werkmeister berichtete von seinen Erlebnissen
auf der Danziger Werft. Dort hatte er mit eigenen Augen
zuschauen müssen, wie der „Große Bruder" Polens Indu-
strie und Wirtschaft ausbeutete und systematisch zugrunde richtete.

„Weshalb haben Sie, Herr Foltyn, gestern auf der Straße
eigentlich angehalten und uns geholfen? Sie kannten uns
doch gar nicht!"

142

„Nun ja", übersetzte der Freund, „er hat beim Vorbeifahren Ihren Wartburg mit der zerschlagenen Scheibe gesehen und dazu das DDR-Zeichen. Da mußte er doch anhalten und helfen."

So einfach ist das für einen Polen! Aber dann kam das schwierigste Problem: die Bezahlung. Wir hatten dicke Stapel Zloty-Scheine von Pater Gereons Zwangsumtausch bei uns.

„Was sind wir Ihnen schuldig? Was kostet die Scheibe?"

„Die Scheibe kostet nichts. Sie können sie nicht bezahlen, denn wir haben sie auch nicht bezahlt. Man kann sie nicht kaufen in Polen. – Sehen Sie, wir konnten erst am Morgen in unsere Fabrik gehen, wenn gearbeitet wird. Sie verstehen?" schmunzelte der Werkmeister.

Nicht einen einzigen Zloty wurden wir los. Außer einigen kleinen Höflichkeitsgeschenken nahmen diese Menschen nichts von uns an. Und dann drangen sie darauf, uns noch aus der Stadt bis zur Ausfahrtstraße hinauszugeleiten. In ihrem Polski Fiat rollten die beiden Männer vor uns her. Im Zentrum muß man um die mächtige Stadtkirche herumfahren. Uns war auf der Herfahrt schon am Turm, weithin sichtbar, das große rote Dreieck mit der Häftlingsnummer 16670 Pater Kolbes aufgefallen. Vor dem Eingang hielten sie plötzlich. Wir mußten ihnen in die Kirche hinein folgen. Dort steht der KZ-Ofen, in dem der Körper Pater Maksymilians verbrannt worden war. Die beiden Polen knieten davor nieder und küßten den Boden.

Bis ins Innerste aufgewühlt und beschämt, setzten wir unsere Fahrt fort. Ob ein deutscher Autofahrer auch anhalten würde, wenn er einen Polen am Straßenrand mit zerschlagener Frontscheibe im Regen stehen sieht? Ob er ihn auch in sein Haus aufnehmen würde, ohne zu wissen, wer das überhaupt ist? Ob er auch zu solch grenzen-

Der große
und der kleine Gereon

losem Opfer bereit wäre? – Auschwitz aber war ein deutsches KZ! – „Ausländer raus!"

Mit unserer Ersatzscheibe wagten wir den Weg bis Niepokalanów doch nicht mehr. So wendeten wir und kehrten im Franziskanerkloster auf dem St. Annaberg (Góra sw. Anny) bei Oppeln (Opole) am Samstag zu Mittag ein. Der Bruder Pförtner erstarrte, als er uns erblickte, rannte sofort ins Refektorium, verkündete den ahnungslosen Brüdern unsere Ankunft und ließ uns erst hinein, als der gesamte Konvent jubelnd uns entgegeneilte.

Am Sonntag wurde das St.-Anna-Fest gefeiert. Etwa 75000 Pilger aus ganz Oberschlesien waren in langen Prozessionen singend und betend den Wallfahrtsberg hinaufgestiegen. Der Oppelner Bischof feierte in der Grotte den Festgottesdienst. Am Schluß verkündete Pater Guardian,

144

daß der „Lumpensammler von Tokio", Pater Gereon Goldmann, heute unser Gast sei. Da er zwar viele Sprachen beherrsche, nur leider die polnische nicht, müsse er in deutscher Sprache reden. Er, Pater Guardian, werde alles ins Polnische übersetzen.

Und dann wurde dort auf dem St. Annaberg am Annafest des Jahres 1976 in aller Öffentlichkeit die erste deutsche Predigt seit einunddreißig Jahren gehalten.

Was hatten diese Menschen in all den Nachkriegsjahren an Not, Leid und Erniedrigung erfahren! Weil sie Deutsche waren, hatte man sie beschimpft, beraubt, eingesperrt, gefoltert und auf offener Straße zusammengeschlagen. Aus Angst um ihr Leben und um das Leben ihrer Kinder wagten sie es nicht einmal mehr, in der eigenen Wohnung deutsch zu sprechen. Schon die Bezeichnung „Deutscher" war verboten. Sie waren „Oberschlesier". Selbst von ihrer eigenen Kirche fühlten sie sich verraten, als der Primas vor der Weltöffentlichkeit erklärte: „Es gibt in Polen keine Deutschen mehr."

Sie hatten die Hauptlast der Kriegsfolgen zu tragen. Jetzt aber sprach ein deutscher Priester zu ihnen in ihrer Muttersprache. Und niemand griff ein, niemand schlug zu, niemand verhaftete ihn! Ich blickte mich um: Männer und Frauen, Alte und Junge schämten sich ihrer Tränen nicht. Ein barmherziger Regenschauer spülte sie ab. „Und Er wird abwischen alle Tränen von ihren Augen", prophezeit Johannes. Bis heute spricht man in Oberschlesien von diesem Ereignis.

In Polen gab es kein polizeiliches Nachspiel. Nur in der DDR wurden einige Pfarrer nachträglich von der Stasi verwarnt. Sie haben es mit Humor überstanden.

Als die Japaner wiederkamen

Gott allein wird es wissen, wie viele Kirchen, Klöster, Krankenhäuser, Kinderheime und Schulen der „Lumpensammler von Tokio", Pater Gereon Goldmann, in Japan und Indien gebaut hat. Schließlich sah er sich durch einige höchst merkwürdige Umstände gezwungen, eine Ausbildungsstätte für Kirchenmusiker zu gründen – obwohl es ihm im Leben nie möglich war, auch nur ein einziges Instrument zu erlernen. Die Eltern hatten es ihren zehn Kindern nicht erlaubt, weil sie meinten, das nervlich nicht durchstehen zu können.

Am 30. September 1979 weihte der Erzbischof von Tokio im Stadtteil Higashi Kurume das „Institut St. Gregorius" ein. Pater Gereon war damals schon 63 Jahre alt. Seitdem werden an dieser einzigen Ausbildungsstätte in ganz Ostasien Kirchenmusiker in drei- und fünfjährigen Kursen herangebildet. Neben den Lehrveranstaltungen werden Forschungen über die Wurzeln der japanischen Musik betrieben, um diese Elemente in die moderne Kirchenmusik einzubringen.

Im Frühjahr 1985 erhielt ich einen Brief aus Tokio. Pater Gereon teilte mir mit, daß drei seiner Dozentinnen gerne die Bachstätten der DDR besuchen möchten, und er fragte an, ob ich dabei helfen könnte. Die Damen boten für den Fall des Gelingens die Veranstaltung eines Konzertes an.

Sofort erklärte ich meine Bereitschaft, alles dafür zu tun, was in meinen Kräften steht. Ich mußte ihn aber auch darüber informieren, daß ein DDR-Bürger gar keine Möglichkeit besitzt, Einreisepapiere für Ausländer zu beantragen. Das könnten die Betreffenden nur in der DDR-Botschaft ihres Landes tun. Uns erlaubte man nur, Anträge zur Genehmigung von Besuchsreisen Westdeutscher zu stellen. Und selbst diese Möglichkeit war mir seit 10 Jahren genommen. Zwar hinderte mich niemand, regelmässig meine Anträge zu stellen, aber sie wurden dann mit ebenso selbstverständlicher Regelmäßigkeit abgelehnt – ohne Begründung natürlich, bis ich mir schließlich die Mühe sparte.

Aus Tokio kam die Antwort: Die DDR-Botschaft sei bereit, die Einreisevisa zu erteilen, wenn pro Tag und Person 185 DM sofort gezahlt würden. Hier lehnte ich jede Mitarbeit kategorisch ab. Seit Jahrzehnten unterstützte ich mit Hilfe vieler Spender das große soziale Werk Pater Gereons – mehr oder weniger legal. Aber ich war nicht bereit, diese Unterstützung in die Taschen, Jachten und Luxusvillen unserer, die Ausbeutung anprangernden Ausbeuter fließen zu lassen – auch wenn ich es damals so deutlich nicht schreiben konnte.

Nachricht aus Tokio: Die 185 DM seien nur dann vermeidbar, wenn eine Schule oder Institution die Damen einladen würde. Nichts leichter als das, jubelte ich schon in meiner geradezu strafbaren Unbekümmertheit. Wozu haben wir denn in Dresden ein Kapellknabeninstitut! Dort aber erfuhr ich, daß zu einer solchen Einladung nur das Bischöfliche Ordinariat berechtigt sei. Und da ich seit fast dreißig Jahren mit meiner vorgesetzten Dienstbehörde noch immer im Frieden lebte, wie auch immer man diese Tatsache bewerten mag, machte ich mich auf den Weg dorthin. Nachdem ich meine Bitte vorgetragen hatte, erhielt ich folgende Information: Eine solche Einladung sei grundsätzlich möglich. Man müsse nur die Erlaubnis dazu beim Staatssekretariat für Kirchenfragen in Berlin beantragen, wobei der Dienstweg über das Amt des Bezirkes zu beschreiten sei. Wenn überhaupt eine Genehmigung zu erreichen sei, dann frühestens in einem Jahr.

Ich wußte aber, daß die drei Japanerinnen im Anschluß an den DDR-Besuch in Westdeutschland an einem Fortbildungskurs teilnehmen wollten. Also war dieser Weg nicht gangbar.

Wie schnell, so kam mir in den Sinn, hatte ich doch vergessen, daß wir in der DDR lebten! Man riet mir von vielen Seiten, das ganze Unternehmen abzublasen. Mein Verstand sagte es auch. Ich aber wollte nicht. So ließ ich alle Möglichkeiten an mir vorüberziehen, mußte sie aber auch immer gleich verwerfen. Welche Institution würde ein solches Risiko eingehen? Welcher „staatliche Leiter" hätte den Mut, sich dafür in die Nesseln zu setzen, vielleicht sogar seine Stellung zu riskieren? Da kam mir die evangelische Kirchenmusikschule Dresden in den Sinn. Sofort klopfte ich dort an, wurde sehr freundlich empfangen und erfuhr: Eine solche Einladung sei grundsätzlich möglich. Man müsse nur über das Landeskirchenamt beim Staatssekretariat für Kirchenfragen in Berlin …

Das kam mir alles irgendwie bekannt vor. Konnte es sein, daß ich das schon einmal gehört hätte? Mit einem bitter-sauren Lächeln saß ich dem Rektor, Herrn Wolfram Zöllner, gegenüber. Wir schwiegen uns an. Plötzlich rief er seine Sekretärin aus dem Vorzimmer herein. „Bitte, schreiben Sie!" Und er diktierte ihr die Einladung, setzte Unterschrift und Siegel darauf und überreichte sie mir.

„Und wenn die ganze Sache …", wagte ich einzuwenden.

„Es gibt zwei Möglichkeiten: Entweder sie merken in Tokio nichts, dann kann es klappen, oder man fragt in Berlin nach, und wir bekommen unsere wohlverdienten Prügel."

„Und dann?"

„Ich denke, unser Buckel wird das überstehen", lächelte er.

Noch am selben Tage ging der Brief nach Tokio ab. Rückmeldung: „Ja, es wird mit dem Papier klappen. Aber die 185 DM müssen trotzdem gezahlt werden, denn auf der Einladung fehlt eine Zusicherung für das Quartier."

Sofort rannte ich zur Post und telegraphierte: „Unterkunft und Verpflegung in Einladung eingeschlossen. Kirchenmusikschule Dresden."

Da ich mit größter Sicherheit annehme, daß mir der Himmel diese Amtsanmaßung verziehen hat, bitte ich heute noch die Kirchenmusikschule nachträglich um Vergebung. Und ich hege die Hoffnung, daß Herr Zöllner uns aus der Ewigkeit schmunzelnd zuschaut.

Am Sonntag, dem 4. August 1985, holte ich die drei Damen um 17.30 Uhr am Bautzener Bahnhof ab: Frau Mamiko Iwasaki, die Organistin an der Internationalen Christlichen Universität in Tokio und Dozentin für Orgel in St. Gregorius, Frau Sakiko Nakaya, Opernsängerin und Dozentin für Gesang, und Frau Veronika Hashimoto, Direktorin des Instituts und Dozentin für Chorleitung und Stimmbildung.

Wir hatten handgefertigte Plakate vorbereitet, die wir erst jetzt in die Schaufenster zu hängen wagten: Auf einer japanischen Flagge mit der roten Sonne konnten die erstaunten Passanten lesen:

achtung – achtung – achtung
kleines japanisches kirchenkonzert
in kath. kirche schirgiswalde
am montag, d. 5. 8. 85, um 19.00 uhr
bitte weitersagen … bitte weitersagen …

Kurz nach ihrer Ankunft zeigte ich den drei Damen die Kirche und machte sie mit unserer neuen Eule-Orgel bekannt, auf die wir sehr stolz sind. „Wie gefällt Ihnen unsere Orgel?" fragte ich anschließend. Nach einigem Zögern erhielt ich die bedächtige Antwort: „Die Akustik in der

Kirche ist sehr interessant!" – Das nennt man japanische Höflichkeit.

Das Konzert an einem Montagabend in den Sommerferien fand in der überfüllten Kirche statt und wurde zu einem großen Erlebnis für die Veranstalter und die Gäste. Orgelwerke von J. S. Bach wechselten mit Psalmenvertonungen von Takata und japanischen Liedern von Kosak Yamada und Rentaro Taki.

Zum Erstaunen aller hielt Frau Veronika Hashimoto eine freie Rede in deutscher Sprache, erinnerte an die Atombombenabwürfe von Hiroshima und Nagasaki und brachte Grüße von Pater Gereon mit. Die Künstlerinnen beteten das Vaterunser in Japanisch, anschließend die Hörergemeinde in Deutsch. Spontan drängten sich Erwachsene und Jugendliche vor und überreichten prachtvolle Blumensträuße.

Der gewöhnlich die Staatsmacht gar nicht zimperlich repräsentierende ABV (Abschnittsbevollmächtigte der Volkspolizei) erklärte sich hilflos für außerstande, eine Anmeldung nach japanischen Pässen vorzunehmen. Wir mußten nach Dresden fahren, wo dieser Akt reibungslos verlief.

Zum erstenmal in ihrem Leben durften die Damen Silbermannorgeln sehen, hören und auf ihnen spielen: in Crostau, in der Dresdner Kathedrale, in der Freiberger Jakobikirche und im Dom.

Und dann pilgerten wir per „Wartburg" den Lebenslauf Johann Sebastian Bachs von seinem Grabe aus zurück.

Hier muß bemerkt werden, daß Japan überhaupt keine kirchenmusikalische Tradition besitzt. Das hat historische Ursachen: 1549 verkündete der hl. Franz Xaver als erster das Evangelium auf diesen östlichsten Inseln. 1613 begann dort die blutigste und brutalste Christenverfolgung der gesamten Kirchengeschichte und dauerte bis 1868 mit einem erneuten Aufflackern nach zehn Jahren.

Heute leben in Japan etwa 1 Million Christen, etwa 600 000 Protestanten verschiedener Religionsgemeinschaften und 400 000 Katholiken.

J. S. Bach gilt dort als das Symbol aller Kirchenmusik. Nur im „Institut St. Gregorius" wird noch zusätzlich der Gregorianische Choral studiert und gepflegt. Benediktinermönche aus Solesmes in Frankreich und Einsiedeln in der Schweiz helfen dabei. – Papst Gregor der Große (540 bis 604) gilt als Begründer des liturgischen Kirchengesanges und damit der europäischen Musik. –

Am Grabe J. S. Bachs in der Leipziger Thomaskirche legten die Japanerinnen einen Rosenstrauß nieder. Wir lauschten kurze Zeit dem Orgelspiel. Ich fragte sie, ob sie gerne an die Orgel möchten. Sie lehnten dankend ab. Vor der Tür vernahm ich dann die Begründung: „Was wir gehört haben und wie es gespielt wurde, das hat uns nicht gefallen."

In Leipzig
am Bachdenkmal

Als wir nach dem Besuch der Nikolaikirche, der Haupt-wirkungsstätte Bachs, auf dem freien Platz standen, auf dem Walter Ulbricht die ehrwürdige Universitätskirche hat in die Luft sprengen lassen, mitsamt der Orgel, an der J. S. Bach auch gespielt hatte, an der Stelle kam uns der Gedanke: Ob der große Musiker (1685 – 1750) wohl jemals erfahren haben mag, daß zur gleichen Zeit, als er seine genialen Werke „allein zur Ehre Gottes" schrieb, in Japan die Christen für ihren Glauben zu Tode gefoltert wurden? Wir müssen es wohl bezweifeln, denn bis heute wissen wir Europäer ja kaum etwas darüber. Ein Plakat am Kirchenportal informierte uns, daß am gleichen Abend (6. 8. 1985) in der katholischen Propsteikirche aus Anlaß des vierzigsten Jahrestages des Atombombenabwurfs auf Hiroshima eine musikalische Gedenkstunde stattfinden sollte. Die drei Damen waren von der Reise bereits so erschöpft, daß sie nur einmal ganz kurz hineinschauen wollten.

Also blieben wir hinten an der Tür stehen, obwohl man uns mehrfach Sitzplätze anbot. Und dann harrten sie doch stehend bis zum Schluß aus. Hiroshima-Gedenken in Deutschland! Das war für Japaner unerwartet und beeindruckend.

„Ich möchte die Luft atmen und die Atmosphäre in mich aufnehmen, die Bach in Köthen so glücklich gemacht hat", schwärmte Frau Veronika in echter Vorfreude. „Auch wenn er schließlich dort wegen der Fürstin geflohen ist, die er eine ‚amusa' nannte."

Der Schock der Enttäuschung konnte kaum stärker wirken: Die Stadt vom Sozialismus zugrunde gerichtet, das Schloß, Bachs Wirkungsstätte, ungepflegt, unansehnlich, verlottert.

Das Wasser eines japanischen Bades, so erfuhr ich, muß eine Mindesttemperatur von 40 °C haben. Als wir im Hallenser St. Elisabeth-Krankenhaus unser Nachtquartier aufschlugen, war ausgerechnet die Warmwasserleitung defekt, und das Bad mußte ausfallen. Aber die Gastfreundschaft der „Grauen Schwestern von der hl. Elisabeth", die unseren Besuch zu einem Fest gestalteten, glich alles wieder aus.

Von der Händelstadt Halle ging die Fahrt über Merseburg nach Naumburg. Nach der Dombesichtigung versuchten wir in die verschlossene Wenzelskirche hineinzukommen. Pfarrer und Kantorin seien im Urlaub. Da wir aber auf der ganzen Reise nicht eine verriegelte Tür fanden, die sich uns nicht öffnete, gelang es uns auch hier, nach einigen abenteuerlichen Suchaktionen die liebenswürdige Kantorin im Orgelgehäuse aufzustöbern. Sofort war sie bereit, uns die berühmte, vom Silbermann-Schüler Hildebrandt gebaute und am 27. 9. 1746 von Silbermann und Bach geprüfte Orgel vorzuführen. Das Angebot, einmal darauf zu spielen, lehnte Frau Mamiko höflich dankend ab.

Erst im Auto erfuhr ich den Grund: Sie hätte es als ein Sakrileg aufgefaßt, an dieser berühmten Orgel zu spielen, die seit 1933 durch einen elektrischen Spieltisch entweiht worden war.

Man muß es wohl wenigstens einmal persönlich erlebt haben: Irgendwann will auch der kunstbeflissenste Tourist in der DDR etwas essen. In Naumburg war eine einzige Gaststätte geöffnet, der Ratskeller. Davor zog sich eine „sozialistische Wartegemeinschaft" in der Länge der Rathausfront hin.

Mit Pater Gereon hatte ich mich vor Jahren im Dresdner Kulturpalast zwei Stunden zum Essen angestellt. Ich erklärte ihm damals, daß es ja seinem Bibelstudium nicht entgangen sein konnte, daß die Schlange zum Paradiese gehöre wie das Amen zur Kirche. Und daß ich mit Freuden dieses Erlebnis mit ihm teile. Als wir damals dann dem Schilde gemäß „plaziert" wurden, bemerkten wir, daß ein Drittel der Speisegaststätte mit dem Kärtchen „reserviert" verziert war und überhaupt nie belegt wurde. Warum auch? Die Kellner bekamen ja ihren Lohn. Weshalb sollten sie dann auch noch arbeiten?

All das wollte ich meinen geplagten Gästen nicht zumuten. „Wir finden unterwegs schon eine Gaststätte!" tröstete ich uns. Und wir fanden sie in jedem Dorf – geschlossen. In Apolda, der Glockengießerstadt, wies man uns den Weg zu einem Hotel mit Speiserestaurant. Als wir etwa 45 Minuten vor der Tür in einer gerade noch erträglichen Schlange angestanden hatten, wurde zu unserer großen Freude ein Schild herausgehängt: „Küchenschluß".

Ein wenig gönnte ich meinen Gästen schon auch das Erleben des real existierenden Sozialismus. In Weimar erst

Im Arndtstadt
vor dem Bach-Denkmal

konnten wir uns mit Kaffee, Kuchen und Eis ein wenig stärken. Leider fanden wir weder in der Herderkirche noch im Schloß einen Hinweis auf Bachs Wirken.

Da hatte Arnstadt uns schon mehr anzubieten. Hier war Bach Organist an der Neuen Kirche, und von hier aus pilgerte er zu Fuß nach Lübeck, um bei Dietrich Buxtehude zu lernen – sehr zum Ärger des Konsistoriums. Und so standen wir staunend und lachend vor dem erst kürzlich errichteten Denkmal: Johann Sebastian lümmelt als Halbstarker auf einer Orgelbank.

„Er war ja hier gerade erst 18 Jahre alt!" belehrte uns Frau Veronika.

In Mühlhausen, wo er nur ein Jahr als Organist an Divi Blasii tätig war, wurde in dieser Kirche später eine Orgel nach seinen Plänen gebaut. Schockierend wirkte die ehrwürdige gotische Marienkirche als „Thomas-Müntzer-Gedächtnisstätte".

Als wir Bachs Geburtsstadt Eisenach erreicht hatten, bemerkte ich mit Erstaunen, daß die Japanerinnen sich

Veronika Hashimoto
mit dem Verfasser
auf der Wartburg

hier besser auskannten als ich. In Tokio hatten sie einen DDR-Reiseführer in Japanisch erworben, der mit Hochglanz-Farbdrucken imponierte. So etwas gab es ja bei uns in deutscher Sprache nicht.

Beim Besuch der Wartburg erfährt wohl jeder die verschiedenen Gefühlsebenen: Hier lebte die hl. Elisabeth, und hier übersetzte Martin Luther die Bibel. In der Eisenacher Stadtkirche dasselbe: Der Altar, an dem Elisabeth getraut, und der Taufbrunnen, an dem Johann Sebastian Bach am 23. März 1685 getauft wurde.

Zu Besuch bei den Klarissen der Ewigen Anbetung in Bautzen

Wieder waren es die „Grauen Schwestern", die uns in ihrem Krankenhaus Quartier boten und ein kleines Abschiedsfest veranstalteten. Ich bat Frau Veronika Hashimoto darum, uns ihre wichtigsten Eindrücke auf dieser Reise mitzuteilen. Nachdem sie sich japanisch geeinigt hatten, nannte sie den hier Versammelten drei Bereiche:

1. Die gute Gemeinschaft in den Familien, die sie erleben durfte.

2. Die bewundernswerte Kommunikation zwischen den Menschen in der DDR und

3. Die für sie fast unbegreifliche Unfreiheit und Bedrohung in diesem Lande.

Zu Punkt zwei erklärte sie: „Japan ist in seinem technisch-wissenschaftlichen Fortschritt vielleicht schon zu weit gegangen. Die Folge ist ein Rückschritt in der menschlichen Kommunikation. Wer Tag für Tag vor dem Computer sitzt, verliert den Kontakt zu seinen Nächsten. Ich habe in Tokio eigens einen Chor gegründet, der aus hochkarätigen Technikern besteht. Wenn wir bei der Probe eine Pause einlegen, stehen diese Herren jeder für sich und sprechen kein Wort."

Am Eisenacher Bahnhof gab uns die übliche Zugverspätung Gelegenheit, den für uns alle schmerzlichen Abschied um noch dreißig Minuten zu verzögern.

Meine Nikolausgeschichte

Es gibt begnadete Menschen, und ich beneide sie, die die Fähigkeit besitzen, gute und spannende Geschichten zu erfinden. Und trotzdem glaube ich, daß sie mit einem Autor überhaupt nicht konkurrieren können: mit dem Leben. Menschliche Phantasie reicht oft an seine Schöpferkraft gar nicht heran. Möge es mir gelingen, dem Drama des Lebens einigermaßen gerecht zu werden!

Zu meiner Zeit galt es als nicht gerade sehr ehrenhaft, ein Kind mit in die Ehe zu bringen. Meiner Frau schien diese Zumutung kaum Probleme zu bereiten. Als wir heirateten, nahm sie meinen Sohn ohne Zögern in unsere neue Familie mit auf. Er wurde auch ihr Kind, unser gemeinsames, das er bis heute blieb.

Aber meine Geschichte begann schon viel früher:

Ich war einmal ein junger hoffnungsvoller Lehrer, der versuchte, staunenden Kindern die Kunst des Lesens, Schreibens und Rechnens beizubringen, dabei aber der Verpflichtung unterlag, die Großtaten der siegreichen Sowjetunion und ihres alle Welt überragenden Führers J. W. Stalin zu preisen, jenes Mannes, der als „größter Feldherr, größter Wissenschaftler und größter Mensch aller Zeiten" zu verkünden war. „Lehrer brauchen wir nicht, die haben wir entlassen. Wir brauchen politische Erzieher!" hatte der Schulrat bei meiner Dienstanstellung zu mir gesagt. Die planmäßige Erfüllung dieser ideologischen Aufgabe wurde streng überwacht und entschied über Prämien und Auszeichnungen einerseits und Karriere oder Entlassung andererseits.

Diesen passiven und zugleich aktiven Psychoterror vermag ein Mensch wohl kaum jahre- und jahrzehntelang schadlos zu überstehen. Ich fand einen für mich und andere recht segensreichen Ausgleich darin, in den weitverzweigten Dörfern des Meißner Landes die heimatvertriebenen katholischen Jugendlichen aufzuspüren und in regelmäßigen Gruppenstunden Woche für Woche zu versammeln. Sie waren aus Ost- und Westpreußen, aus Schlesien, dem Sudetenland und Ungarn in das für sie fremde Land hineingeweht worden. Ungebetene Gäste, mißtrauisch beäugte Eindringlinge, Bettler und Habenichtse, die man sich mit scharfen Hofkötern oder wenigstens mit dem Schild „Vorsicht, bissiger Hund!" vom Leibe zu halten versuchte. Flüchtlinge mit der amtlichen Bezeichnung „Umsiedler", junge Christen in der Zerstreuung. Meist kamen sie aus stabilen katholischen Heimatgemeinden und mußten nun in der Diaspora leben, unter evangelischen Christen, die häufig noch nie einen Katholiken gesehen hatten. Die hier übliche Redewendung „Ich bin doch nicht katholisch!" war gleichbedeutend mit „Ich bin doch nicht verrückt!"

Die meisten Ansässigen aber waren traditionelle Atheisten.

Wir trafen uns Woche für Woche in Dachkammern, Küchen, Wohnstuben und Kneipen, sprachen über Glaubens- und Lebensprobleme, sangen Jugendlieder und beteten gemeinsam. Einer von ihnen ging am Monatsanfang zum Meißner Volkspolizeikreisamt und meldete auf seinen Namen die „Andachtsstunde" an, so daß der ABV (Abschnittsbevollmächtigte) vor dem Versammlungsraum auf- und abpatrouillierte, wenn wir eintrudelten. Wir grüßten ihn immer freundlich, und er dankte ebenso zurück. Sollte er uns überwachen, bewachen oder noch Schlimmeres verhüten? Vielleicht alles zugleich.

In unseren Gruppen waren wir tatsächlich „ein Herz und eine Seele". Hier nahm sich keiner ein Blatt vor den Mund. Für die meisten war dies der einzige Ort der Offenheit und der Wahrheit. An Spitzel oder Verräter dachte niemand. Jeder bemühte sich um ein Leben als Christ. Den uns umgebenden politischen Schwindel nahmen wir kaum ernst und gaben ihn in immer neuen Witzen der Lächerlichkeit preis.

Hier wurde Kirche zur Heimat der Heimatlosen.

Ich fuhr zuerst mit dem Fahrrad, später mit einem Leichtmotorrad Marke „Fichtel und Sax" aus der Vorkriegszeit zu den Treffen. Um den Hals trug ich einen Lederriemen, an dem eine prall gefüllte Tasche am Tank aufsaß. Vor dem offiziellen Beginn der Gruppenstunde holte ich aus ihr Bücher heraus, die ich verteilte und austauschte. Mühsam hatte ich christliche Literatur von überall her zusammengebettelt, und die Jungen und Mädchen griffen begeistert zu: von Hünermanns „Herrgottschanze" bis Gertrud von le Forts „Der Papst aus dem Ghetto".

An jenem Sommerabend, ich hatte gerade in der Runde jedem ein Buch zum Aussuchen in die Hand gedrückt, traf ich auf einen Jungen, den ich hier noch nie gesehen hatte. Das war damals nichts Besonderes, denn sie brachten immer wieder einen Neuen mit. Er schüttelte nur den Kopf und gab das Buch an seinen Nachbarn weiter. Den ganzen Abend sagte er kein einziges Wort. Auch später nicht, obwohl er von nun an nie fehlte.

Als wir uns damals verabschiedet hatten, wollte ich mir seinen Namen und seine Anschrift notieren.

„Liest du gar nichts?"

„Nein"

„Warum denn nicht?"

„Kann nich"

„Wie heißt du?"

„Klaus"

„Familienname?"

„Weiß nich"

„Wie nennen sie dich?"

„Kopp"

„Ist das dein richtiger Name?"

„Weiß nich"

„Wo wohnst du?"

„Miltitz, Kolchos"

„Was machst du dort?"

„Schweizer"

„Und deine Eltern?"

„Weiß nich"

„Wie alt bist du denn?"

„Weiß nich"

„Aber du kommst doch nächstes Mal wieder?"

„Freilich!"

Als Klaus auf seinem krächzenden Rad mit flackernder Taschenlampe in der Hand verschwunden war, traten zwei Mädchen aus dem Dunkel auf mich zu: „Wir wollten mit dir sprechen, denn wir haben Klaus heute angeschleppt. War gar nicht so einfach. Er hatte ziemliche Hemmungen. Obwohl er jeden Sonntag um fünf Uhr früh im Stall arbeiten muß, sehen wir ihn regelmäßig sauber gewaschen und angezogen in Meißen beim Hochamt. Alle vier Wochen fährt er am Samstagnachmittag in die Stadt zur Beichte. Im Dorf lachen sie schon lange, wenn sie ihn von der Kirche kommen sehen. Es hat sich bald herumgesprochen, wo er immer zu so ungewöhnlicher Zeit hinradelt." – „Ich glaube, er kann weder lesen noch schreiben." – „Du darfst ihm nie wieder ein Buch anbieten!" „Ich werde mich hüten!"

Eines Abends lauerten die beiden mich bereits vor dem Dorfeingang auf: „Hier muß etwas geschehen! Es geht mit Klaus so nicht mehr weiter!" Sie sprudelten vor Aufregung gleichzeitig.

„Was hat er denn verbrochen?"

„Nichts, gar nichts."

„Sie richten ihn zugrunde!" – „Sie werden ihn umbringen!" – „Sie treiben ein böses Spiel mit ihm …!"

„Wer denn, was denn? Ich verstehe überhaupt nichts. Erzählt doch mal der Reihe nach!"

„Der volkseigene Kolchos ist ein Sammelsurium von Arbeitsscheuen, Asozialen und Kriminellen. Sie möchten Klaus gerne zu einem der ihren machen, merken aber, daß er pünktlich, fleißig und gewissenhaft arbeitet, mehr leistet als sie – und dann auch noch regelmäßig zur Kirche fährt. Mit Lästern, Lächerlichmachen, öffentlichen Verhöhnungen kommen sie an ihn nicht heran. Über ihre

Zoten lacht er nicht. Nun haben sie eine wirksamere Methode gefunden: Sie laden ihn zu ihrem ‚Genossenschaftsabend‘ in den ‚Kulturraum‘ ein: ‚Du wirst doch nicht aus der Reihe tanzen! Wir sind dir wohl nicht gut genug? – Du willst doch nicht etwa was Besseres sein?! …‘

Dann wird auf die Schulter geklopft, vom Kollektivgeist gegröhlt und Klaus mit dem verdammten Fusel vollgepumpt, bis er unter dem Tische liegt.

Wenn dann einer von ihnen Klaus am nächsten Morgen ‚zufällig‘ in seinem Dreck auf dem Kneipenboden findet, holt er schnell die ganze Belegschaft zusammen: ‚Ei, seht nur mal unseren Bestarbeiter! Wir werden jetzt ein Foto von ihm machen und ihn als unseren Verdienten Aktivisten des Volkes an die Scheunenwand hängen. – Unser großes Vorbild! – Und das sollten sich dann deine verfluchten Pfaffen mal ansehen …!“

Das reichte mir. Ich bekenne, daß ich plötzlich von wenig christlichen Gedanken überflutet wurde. Wenn ich diese Bande jetzt vor mir gehabt hätte …!

Nach der Gruppenstunde nahm ich ihn beiseite: „Klaus, du packst heute noch deine Sieben Sachen und ziehst morgen zu mir!“

Mit seinem zusammengebastelten Fahrrad und drei morschen Persilkartons stand er dann pünktlich vor meiner Tür. So bekam ich meinen ersten Sohn. Lange konnte er auf meinem altersschwachen Plüschsofa nicht schlafen. Ich fand ganz liebenswürdige alte Leute, die hatten sogar ein eigenes Zimmer für ihn. Und bei einem Schuster fand er Arbeit. Unsere Pfarrjugend und mit ihr die aktive Diasporagemeinde wurden seine geistige Heimat.

Jetzt erst erfuhr ich jene Bruchstücke seiner Lebensgeschichte, an die er sich erinnern konnte:

Eine Ordensschwester hatte ihn in irgendeinem Flüchtlingslager aufgelesen und ins gerade gegründete katholische Kinderheim im Erzgebirge gebracht. – Wie sich später herausstellte, mußten die Schwestern, die selbst „Umsiedler" waren, auf jegliches Pflegegeld verzichten und hatten auch keinerlei Anspruch auf Unterstützung von Seiten der Abteilung „Jugendhilfe – Heimerziehung". Ja, sie durften die Heimkinder dort nicht einmal anmelden. Vom Betteln in den armen Diasporagemeinden ernährten sie die Kinder.

Als Klaus in die Pubertät kam, mußte er das Heim verlassen. Die Caritas vermittelte ihn an einen aus Schlesien stammenden katholischen „Neubauern", der ihn als nützliche Arbeitskraft in seine Familie aufnahm. Eines Morgens bemerkte Klaus, daß außer ihm nur noch das Vieh im Hause war: Über Nacht hatte die Familie die Flucht nach dem Westen angetreten. Mit dem gesamten lebenden und toten Inventar wurde auch er in die LPG (Landwirtschaftliche Produktionsgenossenschaft) übernommen.

Der Verfasser mit Klaus 1960

Mehr konnte er mir nicht sagen. Seine Erinnerungen reichten gerade bis ins Caritasheim zurück.

Wer ist Klaus, wo kommt er her, wie heißt er wirklich, wie alt ist er? Ich wollte, ich mußte es ergründen! Der Mensch braucht doch eine Identität, sagte ich mir.

So ging ich mit Verbissenheit ans Werk. Über das Heim gelangte ich an die Adresse der von Klaus so hochverehrten Schwester Edelgard: „Ob er wirklich ‚Klaus‘ heißt, weiß und wußte er nie genau zu sagen. Den Namen ‚Kopp‘ hatte er sich im Lager selbst zugelegt, als ihn die anderen Kinder auslachten, weil er als einziger keinen Familiennamen besaß. Es war auch das Wort, das er am meisten aussprach, wenn er Schmerzen hatte. Er zeigte auf Narben im Gesicht und am Kopf. Aber wir haben nie herausbekommen, ob es Kriegsverletzungen sind, auch wenn er oft von ‚Russen‘, ‚Schießen‘ und ‚Kanonen‘ berichtete. Wir nehmen an, daß er längere Zeit in einem sowjetischen Lager gelebt hat.

Seine Sprache war so schlecht, daß wir ihn oft nicht verstanden. Bei all unseren Befragungen blieb er dabei, daß der Vater vermißt und die Mutter verstorben sei. ‚Wo ist deine Mutter gestorben?‘ – ‚Im Elisabethkrankenhaus. Komm mit, werd dir zeigen.‘ – Auf die Frage, wo denn das Krankenhaus liegt, antwortete er mit Bestimmtheit: ‚Ziegelstraße‘.

Unsere damalige Frau Oberin forschte bei den Grauen Schwestern nach. Sie bestätigten, daß ihr Krankenhaus in Königsberg tatsächlich auf der Ziegelstraße lag. Die Schwestern konnten uns aber nicht weiterhelfen, weil der richtige Name der Mutter nicht zu ergründen war.

Mit seinem merkwürdigen Verhalten gab uns Klaus immer wieder neue Rätsel auf: Trotz der wahrlich nicht gerade üppigen Zeit mußte in unserem Haus niemand hungern. Immer wieder wurden wir von guten Menschen auch mit Lebensmittelspenden unterstützt. Aber Klaus kroch in die Müllkästen und suchte wie ein wildes Tier nach Essenresten. Bei Konflikten rannte er weg und versteckte sich in seinem Bett. Geistige Anstrengungen mied er. So stellten wir ihn einem Psychiater vor. Dieser bescheinigte uns in seinem Gutachten, daß Klaus debil, also geistesschwach und damit kaum bildungsfähig sei. Seine schlechte Sprache wäre aber die Folge von Faulheit. Trotzdem gaben wir unsere Bemühungen, Klaus zur Schule zu schicken und ihm zu helfen, nie auf. Als ich ihn aus dem Flüchtlingslager herausholte, hieß es, er sei katholisch. Wer hätte das bestätigen oder dementieren können! Also ließen wir ihn an einem 6. Dezember, dem Fest des heiligen Nikolaus, auf den Namen ‚Klaus' bedingungsweise taufen." Soweit der Bericht der guten Schwester. Jetzt erst wurde mir bewußt, daß Klaus ja gar keinen Ausweis besaß, wie sollte er auch, da ja fast kein einziges Lebensdatum vorhanden war. Also marschierte ich mit ihm in unser Krankenhaus, bat den Chefarzt um eine Untersuchung und medizinische Feststellung des Alters. Meinen Verdacht, daß Kriegsverletzungen durch Granatsplitter vorhanden seien, konnte der Doktor weder bestätigen noch dementieren. Aber wir hatten nun ein amtliches Dokument mit Stempel und Unterschrift, mit dem wir bei der Volkspolizei-Meldestelle einen DDR-Personalausweis beantragen konnten. Von diesem Tage an wurde der 6. Dezember nicht nur sein Tauf-, sondern zugleich sein Geburtstag. Und das ist er bis heute: der wichtigste Tag seines Lebens: Nikolaustag!

Mit der guten alten Fibel der 1. Klasse begannen wir gemeinsam die mühevolle Arbeit des Lesen- und Schreibenlernens. Auch wenn die Stunde oft durch seine Kopfschmerzen beendet werden mußte, schaffte er das Pensum in gar nicht so langer Zeit.

Heute kommen mir schon Zweifel, ob ich in meinem Eifer damals nicht doch zu weit gegangen bin. Um Kriegs-

verletzungen und Hirnschädigungen auszuschließen, mußte sich Klaus stationär sehr unangenehmen und teilweise
schmerzhaften Untersuchungen in der Medizinischen Aka-
demie unterziehen. Nein, nein, alles o. B. – ohne Befund!
Gott sei Dank! – Also Milieuschädigungen!

Bald saß ich auf neuer Fährte: Über Sender des „Klassenfeindes", die wir eigentlich nicht hören sollten, erfuhr
ich vom Suchdienst des Roten Kreuzes in Hamburg.
Sofort entspann sich ein reger Briefwechsel. Klaus wurde
längere Zeit im Anschluß an die Mittagsnachrichten als
einer genannt, der nach lebenden Angehörigen fahndet.
Tatsächlich meldete sich dort ein Herr Kinschitzki. Er sei
soeben aus sowjetischer Kriegsgefangenschaft entlassen
worden und habe erfahren, daß seine Frau mit dem jüngsten Kind auf der Flucht verstorben sei. Von seinen älteren Kindern, einem Mädchen und einem Jungen, fehle
jede Spur. Tatsächlich hieß der Junge Klaus. Sogar das
Alter könnte stimmen. Große Aufregung bei Klaus, neue
Hoffnung bei mir.

Es war mir aufgefallen, daß Klaus, wenn ich ihn nach
seiner Heimat fragte, oft den Ort „Neudamm" nannte.
Aber verbürgen konnte er sich dafür nicht. Nun schrieb
Herr Kinschitzki, daß seine Familie in Neudamm, Bahn-
hofstr. 14, gewohnt hat. Sollte das alles in den Bereich der
Zufälle gehören?

Im Brief kamen „Gedächtnisstützen" für Klaus: „Die
Schwester hieß Gisela, das Brüderchen Wolfgang. Die Groß-
eltern hatten eine Fleischerei in Neudamm, wo Mutti im
Laden mit verkaufte und die Familie in der Abwesenheit
des Vaters zu Mittag aß. Klaus besaß eine kleine weiße
Fleischereischürze und ein paar Holzschuhe. Die Ärmel-
chen wurden hochgekrempelt und dann ,half' er dem On-
kel Hans in der Schlachterei. Angst vor Bullen, Kühen,
Schweinen hatte er nie ..."

Ich besprach mit ihm Satz für Satz des Briefes. Es kam auch nicht die entfernteste Erinnerung in ihm auf. Allerdings: Angst vor Tieren kennt er wirklich nicht.

Nach einem so gründlichen Versuch, seine Vergangenheit zu erforschen, schaute er mich oft ganz verzweifelt an: „Ich komm' mir vor, wie wenn ich ganz allein in der Welt wär'!"

„Aber Klaus, du hast doch uns!"

„Ja, aber alle Menschen haben richtige Eltern, bloß ich nich!"

Ich mußte in solchen Augenblicken sehr auf der Hut sein, daß ich mich von seiner Resignation nicht anstecken ließ. Was mag in einem jungen Menschen vorgehen, der mit seinem Gedächtnis seine ganze Vergangenheit und damit den größten Teil seiner Identität verloren hat? Und wie kam es zu diesem Verlust? Wir haben nie eine eindeutige Antwort gefunden.

Bei allen Familien unserer Gemeinde war er ein gern gesehener Gast. Einmal kam er ganz aufgeregt von einem Besuch zurück : „Ich bin ausgerissen; ich hielt nich mehr aus. Mußte erleben, wie Christoph seine Mutter angeschrien hat. Der Flegel! Hätte nicht viel gefehlt, ich hätte ihm eine geschmiert! Der weiß gar nich, was das is, eine Mutter!"

Herr Werner Kinschitzki schrieb – die Originale bleiben beim Roten Kreuz, ich bekam Abschriften –, daß sein Klaus mit fünf Jahren von einem Wagen gefallen war und sich links einen Schlüsselbeinbruch zugezogen hat. Wir sausten ins Krankenhaus hinter das Röntgengerät. Der Chefarzt meinte, das müsse im Bild zu sehen sein. – Nichts! Weder rechts noch links! Mein Hoffnungspegel sank auf Null.

Ich hatte Fotos nach Hamburg geschickt. In der Antwort hieß es: „Zunächst möchte ich wieder darauf hinweisen, daß m. E. die Form der Ohren des gefundenen Klaus nicht mit denen meines vermißten Sohnes übereinstimmen. Fraglicher Klaus hat nach den Aufnahmen sehr eng anliegende Ohren, wogegen mein Sohn etwas nach außen neigende Ohren und gerundete Ohrmuscheln besaß." Und dann kamen die einzigen noch vorhandenen Fotos der Familie Kinschitzki, die Krieg, Front und Gefangenschaft überstanden hatten. Man konnte es ihnen ansehen. Ich verriet Klaus nichts davon. Die Aktion mußte zuverlässig verlaufen und deshalb exakt geplant werden. Eine geeignete Situation bot sich, als der damals in der gesamten DDR bekannte und von der SED bestgehaßte Jugendprediger, der Dominikanerpater Gordian, auf der Durchfahrt seinen Besuch ankündigte. Er wurde in die Strategie eingeweiht.

Als wir alle gemütlich um den Tisch versammelt waren und plauderten, erklärte ich, an den Pater gewandt, ich hätte interessante Fotos von Leuten, die er sicher auch kenne. Und dann machten sie die Runde, gingen von Hand zu Hand, Familienfotos von uns, von Bekannten und schließlich die bewußten. Alle spielten mit, machten harmlose Bemerkungen, gaben weiter – und beobachteten Klaus. Der schaute die Bilder mit mehr oder weniger Interesse an. Als aber die allein wichtigen in seine Hände gerieten, legte er sie sehr schnell beiseite: „Kenn' ich nich."

„Du, Klaus", griff ich mit einem letzten Rettungsversuch ein, „das sind die Fotos der Familie Kinschitzki!"

Klaus erschrak, bekam große Augen und holte sie sich zurück. „Ich erkenne keinen", rief er fast verzweifelt. „Aber der Junge sieht mir ähnlich." Und er wies auf Klaus Kinschitzki in der Mitte des „Weihnachtsfotos 1944". Mir war die Ähnlichkeit auch schon aufgefallen, aber ich hatte nichts gesagt: die blonden Haare, die Schädelform, der Scheitel auf der linken Seite, Augenbrauen, Nase und Mund. Nun mußte der Fotograf Lichtbilder von Klaus anfertigen, die exakt dem Blickwinkel und der Körperhaltung auf den vorliegenden entsprachen. Sie gingen mit den geliehenen zusammen nach Hamburg. Und sie brachten uns keinen Schritt weiter – bis heute nicht. Inzwischen hatte Klaus bei einer Baufirma als Handlanger angefangen. Er war gesund, kräftig, fleißig und zuverlässig. So verdiente er ein gutes Geld. Zigaretten, Alkohol kamen für ihn nicht in Frage. Er kaufte sich die nötige Kleidung und den Rest sparte er. Sein großes Ziel: Ein eigenes Motorrad! – Daß er zwischendurch bei Familien vorbeischlich, die gar kein Einkommen hatten, und heimlich einen Briefumschlag mit ein paar Scheinen in den Kasten warf – ohne Absender natürlich –, das wissen diese Familien bis heute noch nicht. Aber Gott weiß es. Und ich glaube zu wissen, daß ER ihm die Zinsen dieses himmlischen Kontos ebenso anonym immer in seinen Briefkasten wirft, wenn Klaus sie am dringendsten braucht.

Vor dem Motorrad kam die Fahrschule. Ein Buch mußte durchgearbeitet und gelernt werden. Ich trug so meine Zweifel und Bedenken, die ich füglich für mich behielt. Wir hatten das Lesen ja gerade erst bis zum Abschluß der Fibel geschafft. Meine Frau, die von Technik und Verkehr nicht den blassesten Schimmer besaß, lernte und übte mit ihm Fahrschule. Dann kam die Prüfung: Motorrad, Pkw und Lkw, alles zusammen! Ich zitterte – Klaus nicht. Von 24 Kandidaten fielen 18 durch. Klaus bestand alle Prüfungen im ersten Anlauf, theoretisch und praktisch.

Bald stand er mit knatterndem Motorrad vor meiner Tür, stolz wie ein Ritter auf seinem Streitroß. So wurde er mein Chauffeur, wenn ich zu Jugendtreffen und Einkehrtagen mußte. Ich konnte mich in jeder Hinsicht auf ihn verlassen. – In jeder Hinsicht?

Als ich von einer kirchlichen Pfingsttagung aus West-berlin zurückkam, war Klaus verschwunden. Es traf mich wie ein Blitzschlag. Was ist passiert? Wo ist er? – Zwei engste Freunde wußten Einzelheiten: Ein Arbeitskollege von Klaus hatte solange auf ihn eingeredet, wie traurig das Leben hier und wie paradiesisch es im Westen sei, bis Klaus einwilligte und beide mit dem neuen Motorrad Pfingsten nach Berlin fuhren, es in einer Seitenstraße abstellten und mit der S-Bahn nach Westberlin rollten. – Der „demokratische Schutzwall" – Mauer genannt – war noch nicht errichtet. „Und warum hat er nie etwas zu mir gesagt?" – „Weil er sicher war, daß du es kaum erlauben würdest." Dem konnte ich nicht widersprechen.

Am nächsten Wochenende war ich bereits in Westber-lin und suchte die Lager ab. Sie hatten Klaus schon aus-geflogen! Traurig kehrte ich ohne den „verlorenen Sohn" heim. „Was wird er im Westen machen? Er hat doch dort keinen einzigen Menschen, keine Adresse!" – „Doch, deine Mutter!"

Tatsächlich tauchte er nach der Entlassung aus dem Auffanglager sofort bei ihr auf. Sie half ihm, ein Zimmer und eine Anstellung in einer Möbelfabrik zu finden. Zum Sonntag gehörte der Gottesdienst, und in der Woche ging er in die Abendmesse. Nachher stand er sehnsüchtig war-tend vor der Kirchentür. Es blieb keiner stehen, es sprach ihn keiner an, man ging an ihm vorüber. Das hatte er nicht erwartet. Bei uns wurde jeder Neue sofort nach der Messe angesprochen. Klaus versuchte es an der Tür des Pfarrhauses und verstellte dem Pfarrer den Weg. Zu mehr als einem freundlichen Gruß reichte es nicht. Das hatte er sich doch anders vorgestellt.

Es dauerte nicht lange, da fuhr er mit eigenem Wagen bei „Mutter Heretsch" vor. Jeden Sonntag, wenn sie sich gerade zum Mittagsschlaf hingelegt hatte, läutete Klaus an der Tür. Schimpfend und knurrend machte sie ihm auf. Jetzt konnte bei Kaffee und Kuchen erzählt werden. Es war ja immer schon alles vorbereitet. Kam er aber einmal nicht, dauerte das Schimpfen und Knurren eine ganze Woche, bis er sie endlich wieder aufschreckte. „Wo warst du denn am vorigen Sonntag!" Mit riesigen Brummis rollte Klaus die Möbel durch ganz Westeuropa. Er fand sich überall zurecht. Und war es mir einmal gelungen, mit Hilfe eines amtlich beglaubigten ärztlichen Attesttelegramms „Mutter lebensgefährlich erkrankt" eine Reiseerlaubnis nach dem Westen zu ergattern, stand mein Chauffeur Klaus mit seinem blitzblank geputzten Wagen vor dem Bahnhof, um mich an jedes Ziel zu befördern.

Eines Tages bremste er vor der Doppelgarage eines schmucken Zweifamilienhauses, riß die Wagentür auf: „Komm gucken!" Hinter frisch gepflanzten Obstbäumen und Ziersträuchern leuchtete die rote Klinkerfassade eines prächtigen nagelneuen Gebäudes. „Hab ich gebaut!" sagte er stolz. Ich fand keine Worte. Strengstens hatte er Mutter verboten, dieses Ereignis auch nur mit einer einzigen Andeutung im Brief zu erwähnen. So schwer es ihr auch fiel, sie hatte das Geheimnis gehütet, das Schweigen gewahrt.

Er hatte das Erdgeschoß schon an eine Familie vermietet. „Herr Kopp!" – eine junge Frau trat vor die Wohnungstür – „könnten Sie bitte mal den Haupthahn abstellen?"

Aus dem „debilen Analphabeten Klaus" war der Hausbesitzer „Herr Kopp" geworden. „Das soll ihm mal einer nachmachen", meinte meine Mutter, „ohne Kapital, ohne Familie, ohne Verwandte so etwas zu leisten! Wenn er nur endlich auch eine gute Frau fände!"

Und er fand sie. Wie das geschah, und wer dabei die Hand im Spiel hatte, das geht keinen etwas an. Eines Tages flatterte die Einladung zur Hochzeit in den Briefkasten. Die zuständigen Behörden lehnten meinen Reiseantrag ab. Wie hätte ich von ihnen auch jemals Menschlichkeit erwarten können!

Mutter ging es mit ihrem Herzen gar nicht gut. Auch sie konnte nicht teilnehmen. So gab es zwar eine große Hochzeitsgesellschaft, aber der Bräutigam stand wieder einmal allein ohne einen einzigen Angehörigen – wie schon so oft in seinem Leben.

Am Hochzeitstag erhielt ich ein Telegramm: „Mutter bewußtlos mit Herzinfarkt ins Krankenhaus eingeliefert. Höchste Lebensgefahr. Stempel des Arztes, des Krankenhauses, des Rathauses." In der Nacht durfte ich reisen. Als ich mich dem Elisabethkrankenhaus auf dem Weg vom Bahnhof kommend näherte, hielt dort direkt vor mir ein Wagen, der nur mit Blumen vollgestopft zu sein schien. Klaus und seine soeben angetraute Braut Theresia stiegen aus, und am Krankenbett der Mutter, die schon wieder bei Bewußtsein war, feierten wir in einem Blumenmeer doch noch die Hochzeit nach.

Eine bessere Frau hätte Klaus niemals finden können. Liebevoll nahm sie seinen Männerhaushalt in ihre Hände. Sie schenkte ihm zwei prächtige, gesunde Jungen. Familie, Haus und Garten blühten auf. Kann man sich ein größeres Glück vorstellen?

Die Kinder waren drei und fünf Jahre alt, da fiel Theresia plötzlich um und starb am Herzversagen. Wieder durfte ich nicht hinfahren. Mutter versuchte zu trösten, wo kaum noch Trost zu vermitteln war. Theresias Verwandte halfen. Aber wieder stand Klaus allein, diesmal mit zwei kleinen Kindern.

„Du mußt sie ins Heim geben, Klaus!"

„Niemals! Ich war im Heim. Meine Kinder kommen dort nicht hin!"

Noch heute arbeitet er in derselben Möbelfabrik, jetzt als Lagerleiter. Die Firma weiß seine Treue und Zuverläs-

sigkeit zu schätzen. Und seine Jungen hat er allein groß-
gezogen. Jetzt lernen sie selbst ihre Berufe. Ob sie jemals
das Schicksal ihres Vaters begreifen werden? Ob sie ihn
als ihr Vorbild erkennen können? Ob sie ihm das danken,
was er für sie getan und was er erlitten hat?

„Gott mag es schenken, Gott mag es lenken, er hat die
Gnad."

Aber den 6. Dezember feiern wir weiter als seinen
Geburts-, Tauf- und Namenstag: St. Nikolaus.

*Klaus mit Pfarrer Paul
und dem Verfasser 1997*

Der Vopo

Wohl kaum ein Durchschnittsbürger konnte einem Volkspolizisten unverkrampft begegnen, war dieser doch allge-
genwärtiger Hüter und Repräsentant der menschenfeind-
lichen Diktatur. Seine uniformierte Allmacht duldet auch
nicht die geringste Andeutung eines Zweifels an der Un-
fehlbarkeit seines Richterspruches. Darum schien es geboten, immer einen großen Bogen um ihn zu machen.

Nur im engsten Familien- oder Freundeskreis kursier-
ten die Vopo-Witze. Mit schallendem Gelächter versuchte
man sich wenigstens in solchen Stunden von dem bela-
stenden Alltagsdruck zu befreien. In einer Silvesterausga-
be verstieg sich die CDU-Zeitung „UNION" sogar zu fol-
gender Annonce: „Kennen Sie Polizistenwitze? Wir auch."

Ein gewisses Gerechtigkeitsgefühl zwang mich in jenen
Jahren zu der Feststellung, daß der Verkehrspolizei nicht
jede Spur von Menschlichkeit abzusprechen sei: In den
letzten 30 Jahren hatte ich nämlich auf der kaum noch
befahrbaren Autobahn Bautzen-Dresden nicht eine einzige Geschwindigkeitskontrolle erlebt. Ich führte das auf
einen Rest von Schamgefühl bei dieser Behörde zurück.

Nur an den Endpunkten der Autobahn gab es Kontrol-
len, und dort ging ich ihnen eines Tages ins Netz: „Ver-
kehrskontrolle! Hauptwachtmeister Krause. Ihren Ausweis, die Fahrerlaubnis und die Zulassung bitte!"

Er hatte mich rechts rangewinkt und in seinen Barkas
geleitet.

„Nehmen Sie Platz!" Nach einem geübten Blick in die
Papiere erklärte er mir nicht unfreundlich, aber mit der
unantastbaren Sicherheit der hinter ihm stehenden Arbei-
ter- und Bauernmacht: „Sie sind bei 60 km/h 72 gefahren.
Ich bestrafe Sie mit zwei Stempeln und 20 Mark."

Es klang wie das jeden Einspruch von vornherein ausschließende Todesurteil: „Im Namen des Volkes ..."

„Ich weiß gar nichts davon", wagte ich fast flüsternd zu erwidern. Das war zuviel! Hier war ich zu weit gegangen. Hatte ich schon an den Grundfesten der Staatsmacht gerüttelt?

„Sie glauben mir nicht?" brüllte er mich an. „Also, Sie wollen nicht zahlen?!"

„Doch, doch", lenkte ich ein. „Ich glaube Ihnen jedes Wort, und ich bin selbstverständlich bereit, jede Strafe abzubüßen. Nur mir glaube ich nicht. Ihnen natürlich! – Ob Sie mir bitte einmal erklären würden, wo es die Geschwindigkeitsbegrenzung 60 gab. Ich habe sie tatsächlich nicht bemerkt."

Er wurde etwas ruhiger und zeigte mir die Stelle des Fahrbahnwechsels.

„Sehen Sie, dort fuhr ich hinter einem riesigen LKW her und konnte gar nichts sehen."

„Also, wollen Sie zahlen oder nicht?" „Aber natürlich, selbstverständlich!" Ich suchte mein Geld zusammen.

„Nur hätte ich noch eine Frage: Sagen Sie mal, ist das hier eigentlich eine Autobahn, oder ist das ein Steinbruch?"

Er schwieg.

„Wissen Sie, ich sage immer: da haben die in 40 Jahren nicht ein Schlagloch zugeschüttet, haben die Autobahn zu einem Steinbruch verkommen lassen, waren nicht in der Lage, auch nur eine einzige Telefonleitung zu legen, und dann verlangt man von Ihnen, daß Sie hier Verkehrskontrollen durchführen. Das ist doch menschenverachtende Ausbeutung, was man mit Ihnen macht! Ist das nicht schlimmster Kapitalismus? Ich sage immer: Die anständigsten und ärmsten der Armen, das sind die Verkehrspolizisten! Wie man mit denen umgeht, das spottet jeder Beschreibung!"

Er saß starr vor mir und schwieg betroffen. Zum Glück stand sein Genosse draußen auf der Fahrbahn.

Dann reichte er mir meine Papiere zurück. Er hatte keinen Stempel darauf gedrückt. Noch hielt ich meine beiden Zehnmarkscheine in der Hand. Er winkte ab.

„Trinken Sie mit Ihrer Frau eine gute Flasche Wein", sagte er, als er die Sprache wiedergefunden zu haben schien.

„Darauf können Sie sich verlassen! Wir werden sie auf Ihr Wohl trinken. Und wenn wir schlachten, kriegen Sie auch eine Wurst!"

Jetzt erschien auf seinem Gesicht ein erstes Schmunzeln. Ich reichte ihm die Hand, und er schlug ein.

Überlebensstrategien

Die sich überstürzenden Ereignisse der Gegenwart lassen Vergangenes in den Hintergrund treten.

Aufzeichnungen existieren kaum, aus Sicherheitsgründen. Die Öffnung der Stasi-Akten ruft manches ins Bewußtsein zurück.

Bis zu meiner fristlosen Entlassung auf Grund eines nie stattgefundenen „Disziplinarverfahrens" war ich bis 1958 zwölf Jahre Lehrer im „Sächsischen Schuldienst", wie es damals noch hieß. Wir erlebten die Blütezeit des Stalinismus mit Bespitzelung, Überwachung und erpresserischer Nötigung. Jeder versuchte auf die ihm eigene Weise seine Haut zu retten. Einige traten die Flucht nach vorn an, erklärten dem verbrecherischen System ihre Loyalität und Vasallentreue, verkauften sich und lieferten ihre Kollegen ans Messer. Andere verschwanden im Westen. Einige sahnten erst im Osten ab und kassierten dann im Westen das gute Geld mit ihren schmutzigen Fingern. Wer aber das alles nicht wollte oder konnte, mußte versuchen, um sein Überleben als Lehrer und als Mensch zu kämpfen.

Sehr oft wurde uns vom Direktor unmittelbar vor dem Unterricht ein Zettel mit dem Auftrag in die Hand gedrückt, das sei vorrangig in der ersten Stunde zu behandeln – unabhängig vom Stoffplan, der, wie es damals hieß, für jeden Lehrer Gesetzeskraft besäße. Auf dem Zettel standen meist schauerliche „Informationen" über die „Bonner Kriegstreiber", das von ihnen verursachte grauenhafte Elend der Arbeiterklasse und die kaum zu beschreibende Verwahrlosung der westdeutschen Kinder und Jugendlichen. Oft entdeckte ich damals meinen Nachbarkollegen tränenüberströmt am Fenster des Schulflures. Er war vor den aggressiven Reaktionen seiner 8. Klasse geflüchtet.

Als ich einmal den Zettel pflichtgemäß verlesen hatte, um möglichst schnell den Lehrstoff wieder aufnehmen zu können, meldete sich spontan eine Schülerin: „Herr Heretsch, ich war ein halbes Jahr bei meiner Tante in Düsseldorf und bin gerade erst zurückgekommen. Was Sie da erzählen, da stimmt überhaupt nichts! Das sind doch alles Lügen!" – In ihrem Eifer wurde sie immer lauter.

„Margot!", wies ich sie streng zurecht, „mit deinem Verhalten beweist du gerade, daß es doch stimmt, was ich vorgelesen habe."

Dies war meine einzige Rettung.

Später haben wir miteinander noch oft darüber gelacht.

„Jeder Kollege und jede Kollegin hat bis morgen eine persönliche Stellungnahme mit Unterschrift zu den bevorstehenden Volkswahlen abzugeben!" befahl der Direktor. „Wir werden sie an gut sichtbaren Stellen der Stadt aushängen."

Meine Stellungnahme lautete:

„Wer Krieg, Front, Gefangenschaft und Hungerszeit lebend überstanden hat, Heimat, Besitz, Angehörige und Gesundheit verlor, der weiß, was er am kommenden Sonntag zu wählen hat.

Unterschrift."

Ich wurde zum Direktor bestellt. Das wäre keine eindeutige Aussage und damit mißverständlich.

„Wer das nicht versteht, dem kann ich auch nicht helfen. Diese plumpen Geistlosigkeiten lehne ich ab."

Die „persönliche Stellungnahme" erschien der Partei als ein sicheres Netz, um „Rias-Hörer", „Objektivisten", „Versöhnler" und „echte Klassenfeinde" zu fangen und unschädlich zu machen.

Damals versuchte ich von einem älteren Kollegen in seiner Kunst der Selbstverteidigung möglichst viel zu lernen. Er hatte sich, dank seiner „unbefleckten Vergangenheit" und seinem nicht anfechtbaren fachlichen Wissen und Können in einen „Spleen" geflüchtet: Schülerarbeiten, Aufgaben an der Tafel und Mitteilungen an die Kollegen unterschrieb er stets mit drei Kreuzen. Jeder schmunzelte, viele beneideten ihn, aber alle mußten ihn akzeptieren. Forderte man von ihm eine „persönliche Stellungnahme", wies er nur achselzuckend darauf hin: „Was kann man schon von einem Dreikreuzelmann erwarten!"

Wurde ich zu einer solchen Stellungnahme aufgefordert, versuchte ich die Erpresser regelmäßig dadurch zur Verzweiflung zu bringen, daß ich mich für unfähig erklärte, ihre klugen und gelehrten Ausführungen zu verstehen. Ich befragte und hinterfragte sie als „naiver Zeitungsleser" so lange, bis sie die Waffen streckten.

Die bedrückende Last des „Dreikreuzelmannes" hoffte man durch den immer näher rückenden Zeitpunkt seines Ruhestandes abwerfen zu können. Bei mir mußte man schon wirksamere Maßnahmen ergreifen. Das Kesseltreiben begann und sollte sich noch einige Jahre hinziehen. Unangekündigt erschien der Pionierleiter in meinem Unterricht, um zu „hospitieren". Als er in der Tür stand, gab ich meiner 8. Klasse ein Zeichen. Alle erhoben sich. „Wir wollen unseren lieben Gast herzlich begrüßen." Dann gab ich den Ton an, und schon brachten wir ihm ein Ständchen dar. Der Text des Kanons, der nun erklang, lautete:

„Das dumme Schaf ist halb so dumm wie du, du du; doch doppelt brav."

Meist blieb auch dann der Pionierleiter nicht lange.

Eines Tages hatte die „führende Kraft der Arbeiterklasse", die SED, den ranghöchsten Funktionär der Stadt, den Bürgermeister, auf mich angesetzt. Er sollte meinen Unterricht ideologisch überprüfen und mir nach Möglichkeit einen fehlenden Klassenstandpunkt bescheinigen. Er wurde, wie alle unsere lieben Gäste, höflich mit einem Kanon begrüßt. In der folgenden Geographiestunde fragte ich dann mehrere Schüler nacheinander nach der Hauptstadt der Mongolei. Als niemand die Antwort wußte, wurde ich böse und tadelte erregt die Klasse: „Schämt ihr euch nicht? Ausgerechnet heute wißt ihr nichts, wo wir einen so hohen Gast unter uns haben! Das weiß doch jeder normale Mensch der DDR! – Laßt euch die Hauptstadt der Mongolischen Volksrepublik einmal von unserem Bürgermeister sagen." Alle Schüler starrten ihn an. – Er ist niemals wiedergekommen.

Daß ein solcher Lehrer für die sozialistische Volksbildung der DDR untragbar war, stand fest. Zur Liquidierung brauchte man dann keine juristischen Gründe.

Dienstlich mußte ich 30 Jahre lang mindestens einmal wöchentlich die Autobahn Dresden-Bautzen benutzen. Sie stellte wohl das Schlimmste dar, was die DDR an Straßen zu bieten hatte: Schlaglöcher, Kopfsteinpflaster, Einspurigkeit, Geschwindigkeitsbegrenzungen bis zu 20 km/h und nicht ein einziges Nottelefon. Tramper, die an der Auffahrt warteten, nahm ich immer gern mit. Eines Tages winkten vier uniformierte Offiziersbewerber in Bautzen, die nach Dresden wollten. Als sie Platz genommen hatten, forderte ich sie auf: „Ich muß Sie bitten, mich aufmerksam zu machen, wenn das nächste Telefon zu sehen ist, weil ich dringend anrufen muß. Man ist ja hier gezwungen, ständig auf den Straßenzustand zu achten." Nach einigen Kilometern erinnerte ich sie an ihren Auftrag.

„Hier gibt es keins."

„Das kann doch nicht stimmen", entgegnete ich.

„Doch, bis Dresden gibt es kein Telefon!"

„Hören Sie mal, auf einer voll ausgelasteten Transitstrecke nach Polen, der Sowjetunion, dem Balkan soll es kein Nottelefon geben? Ich kann es nicht dulden, daß Sie, die Sie unsere sozialistische DDR mit ihren Errungenschaften zu schützen und zu verteidigen haben, daß Sie unser Vaterland verunglimpfen. Das kann ich nicht hinnehmen!"

Die armen Friedenskämpfer schwiegen betroffen. Ich aber gab nicht auf: „Jetzt will ich Ihnen einmal etwas sagen. Aber da dulde ich absolut keinen Einspruch. Also, sagen Sie bitte nichts, denn das ist meine tiefste Überzeugung: Adolf Hitler war ein Schwein, ein ganz gefährlicher Verbrecher, ein Lump! – Sagen Sie nichts!" – Ich wurde immer heftiger. – „Hätte dieser Gangster die Autobahn nicht besser bauen und mit einer zweiten Spur versehen müssen! Hätte er nicht damals schon wissen müssen, daß die DDR nach über fünfzig Jahren noch kein Schlagloch stopfen und keinen Meter Kabel für ein Telefon wird legen können! Dieser Hochstapler, hätte er das alles nicht wenigstens ahnen können! Konnte er es sich denn nicht ausrechnen, daß jetzt auch „arische Volksgenossen" nachts hier ohne Hilfe sinnlos verbluten müssen!"

Das hilflose und, wie ich hoffte, fruchtbare Schweigen dieser verführten und verblendeten großen Jungen hielt noch an, als sie in Dresden ausstiegen.

„Ich wünsche Ihnen stolze Erfolge bei der Verteidigung der Errungenschaften des Sozialismus!"

Mit ihren hängenden Köpfen sahen sie nun gar nicht mehr so siegessicher aus.

Als ich einmal nach einer vierstündigen Autofahrt mit einem trampenden jungen Offizier, dessen scheinbar unanfechtbaren Glauben an den Sieg des Sozialismus zerstört hatte – ich bin mir heute noch nicht sicher, ob es fair war, auch wenn ich an der Richtigkeit nicht zweifle –, erklärte ich ihm, daß ich ihm Zeit lassen wolle, beim Aussteigen mein polizeiliches Kennzeichen zu notieren. Er reagierte schockiert.

„Ja, ich erwarte von Ihnen, daß Sie noch heute Anzeige erstatten. Als überzeugter Klassenkämpfer müssen Sie das tun!"

Mit fast weinerlicher Stimme entgegnete er: „Sie brauchen vor mir keine Angst zu haben, denn ich habe Angst vor Ihnen! Woher weiß ich denn, daß Sie nicht ein höherer Offizier in Zivil sind. Sie könnten mich sofort ans Messer liefern, weil ich keines Ihrer Argumente entkräften konnte. – Mein Vater ist Generaldirektor des Chemischen Kombinates. Zu Hause gab und gibt es nur Ostsender im Radio und Fernsehen, und in der Kaserne auch. Sie sind der erste Mensch in meinem Leben, der mir die Wahrheit gesagt hat. Und dafür möchte ich Ihnen von Herzen danken. Ich glaube, daß ich wohl nicht mehr lange werde Offizier bleiben können."

Ich setzte ihn an der Villa seines Vaters ab und fuhr erst weiter, als er in der Haustür verschwunden war.

Noch heute frage ich mich, ob es nicht doch meine menschliche Pflicht gewesen wäre, ihm meine Adresse mitzugeben.

In wenigen Jahren wird es wohl auch in den neuen Bundesländern kaum noch junge Menschen geben, die es glauben können, daß man uns mit allen Machtmitteln des Staatsapparates daran hinderte, ein im Westen gedrucktes Buch zu lesen.

Einer meiner Freunde erbat sich von einem Münchener Kollegen für seine Facharztausbildung ein neues Lehrbuch der Gynäkologie. Es wurde vom Zoll beschlagnahmt. Als er schriftlich Einspruch erhob, erhielt er die amtliche Mitteilung, daß die Beschlagnahmung zurecht bestünde, da die Einfuhr von Pornographie in der DDR gesetzlich verboten sei.

Weil ich es aber nicht ertragen wollte und konnte, daß man mir auch noch geistig Scheuklappen aufsetzte, bat ich meine westdeutschen Freunde, die mir zugedachten Bücher an meine Tante nach Polen zu schicken. Dort kamen sie merkwürdigerweise an. Die Tante sandte sie an einen polnischen Pfarrer an der „Oder-Neiße-Friedensgrenze", und dieser mußte jedes Paket mit dem Fahrrad am Postamt abholen. Wenn ich zu ihm kam, wurden die Bücher wieder umgepackt: in dünne, kleine Päckchen, die dann in den Seitenwänden des Trabis und hinter der Türverkleidung Platz finden mußten. Dafür nahm ich immer schon gebrauchtes Paketpapier mit.

Der Grenzer fragte mich, was das für Papier sei. „Altes Paketpapier", antwortete ich wahrheitsgetreu. In seiner Linken hielt er fest und sicher meine Ausweise, mit der Rechten packte er die Bogen und las die Adresse:

„Wer ist der Empfänger?"

„Ich."

„Und wer ist der Absender?"

„Sehr schwer für Sie, das verstehe ich, es ist meine Mutter."

„Und wozu brauchen Sie das Papier?"

„Ich habe immer welches im Kofferraum."

„Wozu, habe ich Sie gefragt!" Er wurde böse. Man konnte ihm ansehen, daß er höchste Gefahr für den real existierenden Sozialismus witterte. Noch fester umklammerte er meine Dokumente. Seelenruhig, eher ein wenig verschämt, gab ich ihm Auskunft:

„Wenn ich mal einen toten Hund auf der Straße finde …"

Er stockte.

„Würden Sie ihn aufheben?"

„Ja", bestätigte ich treuherzig, „ich sammle tote Hunde."

Mit aufgerissenen Augen reichte er mir meine Papiere und winkte mich durch.

Der Mensch ist nie allein …

Niemals habe ich eigentlich an der Überwachung meiner Person gezweifelt, bekam ich doch die Folgen hinreichend zu spüren. Aber es bereitete mir keine Angst. Im Gegenteil: In aller Öffentlichkeit (ich hielt Vorträge und Bildungsveranstaltungen in Kirchen und kirchlichen Räumen) zitierte ich immer wieder den polnischen Aphorismendichter Stanislaw Jerzy Lec:

„Hätte man nur so viele Zuhörer wie man Lauscher hat!"

„Der Mensch ist nie allein. Einer paßt immer auf ihn auf."

„Ein guter Feind verläßt dich nie!"

Und immer löste dies ein befreiendes Gelächter aus.

In meinem Beratungszimmer jedoch war ich mir sicher: Ein Telefon bekam ich nicht, und Tür, Steckdosen und schalldichte Wände hatte ich selbst eingebaut. Ob meine Unbekümmertheit wirklich berechtigt war, werden die Stasi-Akten demnächst erst bezeugen …

Es hatte sich herumgesprochen, und die Pfarrer aller Konfessionen wußten, wo sie ihre Suizidgefährdeten hinbringen durften. So konnte es nicht ausbleiben, daß der „Selbstmordverhütungskommissar" sich allmählich auch zum Stasi-Spezialisten qualifizieren mußte, auch wenn es dafür nie ein Zertifikat oder Diplom gab.

In der Mehrzahl waren es Frauen, die um das Leben ihrer Männer oder Söhne bangten.

„Mein Mann hat gestern zu mir gesagt: ‚Wundere dich nicht, wenn ich mal gegen einen Brückenpfeiler rase!‘ Mehr war aus ihm nicht herauszukriegen. Er könne, er dürfe mir nichts sagen.“

„In der vorigen Woche bemerkte ich, daß mein Mann nachts aufstand. Später klapperte im Wohnzimmer die Schreibmaschine. Ich konnte nicht einschlafen. Als er wieder im Bett lag und schnarchte, stand ich auf. In seiner Aktentasche fand ich die soeben geschriebenen Berichte. Ich notierte mir das Postfach und die Telefonnummer. Was soll ich nur machen? Wenn ich etwas sage, befürchte ich, daß er sich umbringt!“

In diesen existentiellen Ängsten verabredeten wir Wege, auf denen die Frau ihren Mann zu mir bringen könnte. Fast immer gelang das.

Es war nur zu unterscheiden zwischen jenen, die erst zum „Informellen Mitarbeiter (IM)“ geworben, das heißt erpreßt werden sollten und jenen, die bereits tätig waren.

„Bitte, helfen Sie mir!“ flehte der Mann, den seine Frau hergebracht hatte. „Wir ließen den Wagen auf einer ganz anderen Straße stehen und kamen auf Umwegen zu Ihnen. Ich glaube, es ist uns niemand gefolgt.“

Dann berichtete er von seiner ersten genehmigten Westreise zum 80. Geburtstag seiner Tante nach Köln. Als er wiederkam, wurde er zur Kaderabteilung seines Betriebes bestellt. In einem Nebenraum erwartete ihn ein Herr in Zivil, der ihn über die Reise ausfragte – obwohl er bereits alles wußte.

„Zu welchem Geburtstag Ihrer Tante sind Sie gefahren?“
„Zum 80.“

„Nein, Sie wissen sehr genau, daß es der 81. war. Das ist Urkundenfälschung und kostet viereinhalb Jahre!" -

„Die Stasi hatte recht: Mein Vetter, der Sohn der Tante, hatte im Rathaus gesagt: ‚Schreiben Sie 80. Geburtstag, zum 81. lassen die ihn bestimmt nicht fahren.‘ Ich hatte die vom Kölner Rathaus ausgestellte Urkunde als Grundlage meines Antrages benutzt und den 80. hingeschrieben. – Der Stasi-Offizier meinte, daß er mir helfen wolle – wenn ich auch ihm helfe. Morgen soll ich mich mit ihm am Parkplatz vor der Gaststätte treffen. Was soll ich tun? Bitte, helfen Sie mir!"

Ich konnte den Mann davon überzeugen, daß gar keine Urkundenfälschung vorlag. Wenn überhaupt jemand juristisch belangt werden konnte, dann mußte man wohl das Kölner Rathaus in Bautzen einsperren.

Anschließend besprachen und übten wir sein morgiges Verhalten.

Das Treffen verlief, wie wir es geplant hatte: Am Parkplatz wurde geplaudert, über Einlegesohlen und künstliche Gebisse. In einem nahen Dorfrathaus wurde Zimmer 5 aufgeschlossen. Dort stellte der feine Herr einen Kassettenrecorder auf den Tisch, drückte auf den Knopf und wurde amtlich:

„Haben Sie es sich in Ruhe überlegt, Herr K.? Soll ich Ihnen helfen, oder wollen Sie ins Zuchthaus?"

Herr K. stand auf, ging auf den Stasi-Menschen zu, kreuzte die Hände vor dessen Gesicht und bat: „Nehmen Sie mich bitte mit, verhaften und verurteilen Sie mich. Wenn ich etwas verbrochen habe, dann will ich auch dafür büßen. Sehen Sie, ich habe Kamm und Zahnbürste schon mitgebracht."

Der verblüffte Offizier suchte nach passenden Worten. Es sei so nicht gemeint, stammelte er und schlug einen neuen Gesprächstermin vor. Herr K. hatte gesiegt und erklärte, daß er gar nicht daran denke, sich noch einmal mit ihm zu treffen. Er war befreit.

Wenn es um die Anwerbung Informeller Mitarbeiter ging, lernten und übten wir gemeinsam folgende bewährte Taktiken:

1) Jugendliche nahmen zum Treff mit der Stasi eine ganze Gruppe Freunde mit. Dann platzte der Treff schon vor Beginn.

2) Der zu Erpressende erklärte sich bereit, die angedrohte Strafe auf sich zu nehmen. (s. o.)

3) Der potentielle Mitarbeiter berichtete, daß er trotz des Verbotes mit seinem Pfarrer gesprochen habe. Und dieser habe dem Bischof Meldung gemacht. Er habe gemeint, mit seinem Seelsorger über alles reden zu dürfen. Dieser habe ihn auch dazu ermuntert.

4) Er legte ein Schuldbekenntnis ab: „Ich schäme mich ja selbst. Und, bitte, glauben Sie mir, ich versuche seit Jahren, diesen Charakterfehler zu bekämpfen. Leider bisher erfolglos. Natürlich werde ich es nirgends zugeben. Aber Ihnen kann, muß ich es wohl sagen: Ich – ich kann nichts bei mir behalten! Nach unserem letzten Gespräch konnte ich mich wieder nicht beherrschen und erzählte alles meiner Frau. Erst dann hatte ich mich beruhigt."

Hatte der Ratsuchende aber bereits die Verpflichtung zur Mitarbeit und damit zum Schweigen unterschrieben und vielleicht die ersten, meist harmlosen Meldungen und Berichte erstattet, dann mußten wir anders vorgehen:

1) „Meine Frau (Mutter, Tochter, Freundin …) hat mich ertappt und es überall im Haus erzählt. Ich glaube, jetzt weiß es die ganze Straße. Ich wage mich ja im Hellen kaum noch vor die Tür."

2) „Wissen Sie, ich bin ein ganz schlechter Schauspieler. Ich kann mich einfach nicht gut verstellen. So hat meine Frau (…) etwas in meinem Verhalten bemerkt und mich unter Druck gesetzt, bis ich es zugab."

3) „Mir ist da ein schlimmes Ding passiert: Neulich bei der Geburtstagsfeier (Hochzeit, Kneipe ...) habe ich wohl etwas über den Durst getrunken, und, wie man mir später sagte, hätte ich damit angegeben, welch eine tolle Aufgabe ich übernommen hätte. Ich versichere Ihnen, daß ich davon gar nichts weiß und mich an nichts erinnern kann."

4) „Ich glaube, daß ich dieser Aufgabe wohl doch nicht gewachsen bin, denn als ich dem Kollegen M. auftragsgemäß und ganz vorsichtig einige Fragen stellte, mußte er etwas gemerkt haben. Er hat es mir auf den Kopf zu gesagt, und ich konnte ihn nicht belügen. Ich glaube, das weiß nun inzwischen unsere ganze Abteilung."

Mir ist in all den Jahren kein Fall zu Ohren gekommen, in dem einer, der den Verbrechern ins Netz gegangen war, sich nicht auf irgendeine der genannten Weisen hätte befreien können.

Nur eine junge promovierte Akademikerin, die von der Stasi in kaum zu beschreibender Weise emotional mißbraucht und dann fallengelassen wurde, beendete ihr Leben in der Psychose durch Suizid.

Meine eifrigsten Spitzel
oder
Die Sonne bringt es an den Tag

Immer, wenn sich das Gespräch im Freundeskreis am leidigen Stasi-Thema festzubeißen beginnt, pflege ich meiner Empörung Luft zu machen: Eines kann und will ich ihr nicht verzeihen, weil ich es bis zum heutigen Tage noch als tiefe Kränkung, ja als echte Mißachtung meiner Person empfinde, daß sie es in vierzig Jahren nicht ein einziges Mal wenigstens versucht hat, mich als „informellen Mitarbeiter" (IM) anzuwerben. Mehr erwartete ich doch gar nicht!

Es konnte der uns alle so innig liebenden Firma doch wohl kaum entgangen sein, daß ich als hauptamtlich kirchlicher Nomade meine Lagerstatt in ständig wechselnden katholischen, evangelischen, methodistischen Betten aufzuschlagen gezwungen war, was natürlich zur Folge hatte, daß ich zur seltenen Kategorie jener privilegierten DDR-Bürger zählte, die einen ökumenisch legalen Blick hinter die Wohnungstüren ungezählter Pfarrhäuser werfen konnten, wobei meine Beratungstätigkeit noch manches Geheimnis zusätzlich lüftete.

Die mit der Fülle der Staatsmacht ausgestatteten zwanghaft kriminellen Voyeure schienen ja geradezu suchtartig mit ihrem üblen Rüssel klerikalen Skandalgeschichten nachzuspüren, um sie dann in ihrem kanibalischen Schandmaul mit Hilfe ihrer ideologischen Giftzähne unter redaktioneller Anleitung des jeweiligen Übervaters „Führungsoffizier" genüßlich für den „Friedenskampf" aufzubereiten. Mit dem ekelerregenden Speichel der allmächtigen Partei versetzt, wurden diese „Legenden" schließlich in bürokratisch säuberlich geführten Aktenschränken katalogisiert, um am Tage X oder bei einem „strategisch notwendigen" Erpressungsversuch als hieb- und stichfeste Waffe gegen den Klassenfeind im eigenen Volke stets zur Verfügung zu stehen. – Das Wörterbuch des MfS erläutert den Begriff „Legende" als „Verbreitung wahrer, halbwahrer und unwahrer Sachverhalte".

„Warum nur", so frage ich gekränkt meine Umgebung, „warum hat man diese ergiebige Quelle niemals anzuzapfen versucht?"

Sollte es aber einer meiner Freunde tatsächlich wagen, mich frech der Heuchelei zu bezichtigen, so werde ich ihm in aller nötigen Deutlichkeit und Entschiedenheit ins Angesicht – recht geben.

Aus Fairneß- und Ehrlichkeitsgründen sehe ich mich jedoch gezwungen, der Firma „Horch und Guck" meine Anerkennung darin nicht zu versagen, daß sie als neuzeitliche Gesellschaft der Sammler und Jäger weder Mühen noch Kosten gescheut hat, es auch an Fleiß und Akribie nie hat fehlen lassen, um mich fast 40 Jahre lang zu observieren. Selbst in meinen kühnsten Träumen hätte ich nie im entferntesten zu ahnen gewagt, welchen Wert und welche Bedeutung ich für sie besaß. Dies erfüllt mich heute noch mit Stolz.

Freilich bekenne ich mich schuldig, daß ich in all den Jahren kaum eine Gelegenheit nutzlos habe verstreichen lassen, ohne unseren allmächtigen Tyrannen wenn schon keinen Peitschenhieb, so doch wenigstens einen Nadelstich versetzt zu haben. In den Kirchen und Gemeindesälen versteckte ich mich meist hinter meinem polnischen Leib- und Magendichter Stanislaw Jerzy Lec:

„Der Mensch ist nie allein; einer paßt immer auf ihn auf. – Ein guter Feind verläßt dich nie. – Hätte man nur so viele Zuhörer wie Lauscher. – Man muß die Anzahl der Gedanken derart vervielfachen, daß die Anzahl der Wächter nicht mehr ausreicht. – Er hatte ein reines Gewissen, er benutzte es nie. – Die einzige antike Valuta, die heute noch im Umlauf ist: die dreißig Silberlinge. – Der Mensch hat einen Vorzug vor der Maschine, er ist imstande, sich selbst zu verkaufen. – Wer eine Tragödie überlebt hat, ist nicht ihr Held gewesen. – Ein wahrer Märtyrer ist der, dem man auch diesen Titel verweigert …"

Die Reaktion meiner Zuhörer reichte vom verstohlenen Schmunzeln bis zum befreienden Lachen. Nur die veranstaltenden Pfarrer wurden manchmal bleich und konnten nachher ihre Angst oft nicht mehr zügeln: „Lieber Bruder

Heretsch, muß das sein? Sie gefährden doch nur Ihre Arbeit damit!"

Am besten verstand ich evangelische Pfarrer: Sie hatten ja schließlich Familie.

Heute entdecke ich Lec neben Heretsch in meinen Stasi-Akten. Eine Ehre, die mir überhaupt nicht zukommt. Von den drei fleißigsten Ohrenbläsern möchte ich nun erzählen:

Am 1. Februar 1990 erschien im „Sächsischen Tageblatt" folgendes Interview:

„‚Deckname Conrad'

Gespräch mit einem Informanten der ehemaligen Staatssicherheit

Sie sind freiwillig bereit, über Ihre ehemalige Tätigkeit beim MfS zu berichten. Fürchten Sie keine Repressalien?

… Ich kann darüber reden, aber ich möchte, daß mein Name nicht genannt wird.

Es ist wichtig, daß diese Dinge jetzt bekannt werden. Die Spitzeltätigkeit des MfS ist eines der dunkelsten Kapitel DDR-Geschichte. Wie und wann sind Sie Informant geworden?

Es war etwa 1979, als ich zu einem Vortrag in der Kirche war. Herr Heretsch, der Mann ist Psychologe, sprach an diesem Abend über Probleme der frühen Kindheitsjahre. Ich war empört, wie der Mann über unser Bildungswesen vom Leder zog. Das war regelrechte Hetze! Am nächsten Tag bin ich zur Stasi hin und hab' den angezeigt.

Das haben Sie absolut freiwillig getan, ich meine, ohne daß Sie jemand dazu genötigt hat?

Ja, das kam von mir aus …

Wie hat das MfS darauf reagiert?

Man war mir dankbar und nahm die Information zu Protokoll. Paar Tage später bekam ich dann Besuch vom MfS. Man fragte mich, ob ich bereit sei, als Informant zu arbeiten. Ich war einverstanden.

Daß durch Ihre Tätigkeit andere Menschen in Bedrängnis kommen, vielleicht sogar verhaftet werden konnten, war Ihnen doch klar?

Naja, verhaftet ... ich weiß nicht ...

Können Sie mir etwas über Ihre Aufgaben als Informant des MfS sagen?

Ich war acht Jahre bei der evangelischen Kirche tätig, hier lag meine Hauptaufgabe. Das MfS wollte von mir Infos über kirchliche Veranstaltungen, aber auch über kirchliche Mitarbeiter haben.

Wie sah das konkret aus?

Die wollten zum Beispiel wissen, welche Laster diese Leute hatten, ich meine Alkoholprobleme, wie die Ehe ging, sexuelle Fehltritte und so weiter. Laster interessierten am meisten.

Welcher Personenkreis wurde von Ihnen bespitzelt?

Vom Pfarrer bis zum Mitarbeiter, je nachdem ...

Und wie war das mit den kirchlichen Veranstaltungen?

Ich wurde nicht bloß zu kirchlichen Veranstaltungen hingeschickt ... Das MfS wollte von mir Stimmungsberichte, wollte wissen, wer da war und wie politisch diskutiert worden ist.

Nennen Sie mir ein Beispiel!

Naja, zum Beispiel wurde auf einer Veranstaltung über den Wehrdienst diskutiert. Die Stasi interessierte sich dann, wer gegen den Wehrdienst gesprochen hat.

Sie sagten mir, daß Sie als Erwachsener getauft worden sind. Sind Sie gläubig?

Nein. Das mit der Taufe kam von der Stasi. Es wäre besser für meinen Dienst, wurde mir gesagt.

Hatten Sie keine Skrupel, als Stasi-Spitzel vorm Taufaltar zu stehen? Die Taufe ist nach christlichem Verständnis eine heilige Handlung.

Ein bissel komisch war mir's schon ...

Bekamen Sie von der Stasi Hinweise, wie Sie sich als ‚Christ' verhalten sollten?

Ja, ich sollte mir die Haare kürzer schneiden lassen, mich unauffällig benehmen, das Radio nicht so laut spielen lassen ...

Glauben Sie, daß die Stasi ein besonderes Interesse an der Kirche hatte?

Das ist sicher. Die Kirche war mit Informanten auf den verschiedensten Ebenen durchsetzt.

Auf welche Weise und wo haben Sie Ihre Informationen dem MfS übergeben?

Meist in anonymen Wohnungen von Karl-Marx-Stadt oder zu Hause. Und immer in mündlicher Form, nie schriftlich.

Sind Sie von der Stasi für Ihre Informationen belohnt worden?

Ja, das war aber ganz unterschiedlich und unregelmäßig. Reich werden konnte ich dabei nicht. Mal gab's 200 Mark, mal weniger. Meistens bekam ich irgendwelche Waren wie ein Kaffeeservice oder eine Pyramide und so weiter ...

Gab es auch andere Formen der Belohnung?

Oft waren das auch nur kleine Vorteile im täglichen Leben ... Als wir mal in Urlaub fahren wollten und unser Auto kaputt war, hat uns die Stasi in den Harz gefahren. Oder wenn ich unbedingt einen Termin für die Werkstatt brauchte, da genügte ein Anruf vom MfS.

Das MfS soll 109 000 Spitzel gehabt haben?

Das ist ja ein Lacher! Das reicht nicht mal für Berlin.

Wie wurden Sie vom MfS angeredet?

Ich hatte den Decknamen ‚Conrad'.

Gab es noch andere Tarnwörter in Ihrem Tätigkeitsbereich?

Ja, zum Beispiel ,Eisenstuck'. Wenn ich einen Anruf mit diesem Wort erhielt, bedeutete das Alarm. Und Alarm hieß für mich: am Ort bleiben und weitere Anweisungen abwarten.

Sie erzählten mir von Schmierereien auf dem Michaelis-Friedhof. Können Sie das näher erläutern?

Das war im Juni 1983. Die Michaelisgemeinde hatte sich um Punker gekümmert, das paßte der Stasi nicht. Sie wollte einen Keil dazwischentreiben. Da wurden mit einer schwerlöslichen Chlor-Kautschuk-Farbe Gräber, Pfarrhaus und Kirche beschmiert. Die drei, die das arrangierten, hießen Pitt, Karl-Heinz und Steffen. Natürlich nicht mit richtigem Namen.

Was hat man denn auf die Grabsteine geschmiert?

Punksymbole, das A mit dem Kreis. Und pornographische Sachen …

Wissen Sie, was Sie damit sagen?

Selbstverständlich! Die sind für noch ganz andere Schmierereien verantwortlich.

Man sagt, die Stasi arbeitete mit psychologischen Tricks, um Informanten zu ködern. Ist Ihnen da etwas bekannt?

Ich wurde mal befragt, wie der oder der reagieren würde, wenn beispielsweise jede Woche 50 Mark im Briefkasten stecken. Ich sollte einschätzen, ob die Person das Geld annimmt und ob sie darüber schweigt.

Wie hat sich Ihre Tätigkeit als Informant des MfS auf Ihre Familie ausgewirkt?

Man hat kein Privatleben mehr. Die wollen alles wissen: mit wem man geschlafen hat, wer meine Freunde und Bekannten sind, mit wem man sich an der Ecke unterhalten hat, alles! Es gibt nichts, was die nicht interessiert hat.

Können Sie das näher beschreiben?

Mir hat das weniger ausgemacht, aber meine Frau, die nicht für das MfS arbeitete, bekam auf einmal Verfolgungswahn. Die hat dann erzählt, sie würde von der Stasi verfolgt. Das ging soweit, daß sie nicht mehr wußte, was sie tat. Sie wollte sich zum Fenster rausstürzen, lief halbbekleidet auf der Straße rum ...

Was geschah darauf?

Für das MfS war sie ein Sicherheitsrisiko, sie mußte weg, in die Nervenklinik für ein Jahr.

Ist sie heute darüber hinweg?

Nein, leider nicht. Sie muß regelmäßig ihre Tabletten schluk-ken, Haloperidol und so'n Zeug und ist noch in ärztlicher Be-handlung.

Sie sagten, daß Sie sich ständig beobachtet fühlten. War das Einbildung oder stimmte das wirklich?

Ich nenne Ihnen ein Beispiel. Eines Morgens lief ich den Weg zur Arbeit entlang, da fand ich plötzlich einen weißen Zettel. Mir kam das gleich verdächtig vor, weil der Zettel, obwohl es nachts geregnet hatte, ganz trocken und sauber war. Den mußte also jemand gerade erst hingelegt haben. Ich weiß nicht mehr genau, was auf dem Zettel stand, irgendeine politische Parole oder sonst-was. Mir war klar: man wollte mir eine Falle stellen. Ich gab den Zettel ab.

Glauben Sie, daß sich die Stasi vollständig aufgelöst hat?

Niemals! So eine straff organisierte Truppe stirbt nicht nach drei Monaten Wende! Die arbeiten im Hintergrund weiter und warten auf ihre Chance!"

Das Gespräch führte
Rüdiger Knechtel

Hierzu einige Ergänzungen:

„Conrad" berichtet von dem Punkertreffen im Juni 1983. Im höchsten Grade rätselhaft erscheint es mir heute, daß weder er, noch die Stasi in ihrer Allwissenheit es jemals erfahren haben sollen, daß ich der Hauptredner bei die-sem Treffen gewesen bin. Die Innere Mission Karl-Marx-

Stadt hatte es veranstaltet, Punker aus der gesamten DDR allein durch Mundpropaganda dazu eingeladen und mich um die inhaltliche Gestaltung gebeten. Wie die Ameisen strömten die schon recht merkwürdig erscheinenden Gestalten auf die Stadt zu, von den Vopos mißtrauisch beäugt.

Das Thema hing in riesigen Transparenten quer über dem Altarraum: „Alternativ leben". Ich stand ziemlich unsicher am Mikrophon, während Tausende von Augenpaaren vor, neben, unter und über mir erwartungsvoll auf mich gerichtet waren. Mir war bewußt, daß ich bisher noch nie vor einem solchen Publikum gesprochen hatte. Ein mulmiges Gefühl strich mir durch die Magengegend bis in die Kniekehlen. Die Spannung erreichte ihren Höhepunkt, als Polizeiwagen draußen hin- und herfuhren und ihr Lautsprechergebrüll durch die Kirchenwände drang: „Achtung, Achtung, hier spricht die deutsche Volkspolizei! Wir warnen euch! Bei der ersten Provokation greifen wir ein!" Die jungen Leute lachten auf. Hier dachte niemand ans Provozieren – außer der Stasi.

Ich erzählte den Massen von Franz von Assisi, von Albert Schweitzer und von meinem Freund, dem Lumpensammler von Tokyo. Gebannt hingen sie an meinen Lippen. Niemals vorher hätte ich mit einer solch disziplinierten Aufmerksamkeit gerechnet. Daß die Stasi ihre menschenverachtenden Pläne doch noch nachträglich erfüllen sollte, bezeugt „Conrad".

Weil ich meistens in evangelischen Kirchen der Stadt sprach – sie ermöglichten größere Besucherzahlen, und meine Elternbildungsarbeit war immer ökumenisch konzipiert –, kam „Conrad" zu der irrigen Meinung, ich sei evangelisch. Darum ließ er sich dort auf Befehl der Stasi taufen. Dazu mußte er mindestens ein halbes Jahr am Taufunterricht teilnehmen. Nach seiner Taufe zahlte die

Stasi seine Kirchensteuer, und der Pfarrer bot ihm eine Stelle als Friedhofsmeister im kirchlichen Dienst an. Alle waren zufrieden: die Stasi hatte ihr Ziel erreicht, „Conrad" gehörte nun zur Führungsschicht der Gemeinde, nahm an allen Dienstbesprechungen teil und konnte den Pfarrer direkt unter die Lupe nehmen. Was er aber nicht ahnte: daß der Pfarrer ebenso regelmäßig Berichte über „Conrad" schrieb – denn er war ebenfalls IM!

„Erika"

„Gestern habe ich ihre Mutter beerdigt. Das Mädchen scheint überhaupt keine Angehörigen zu haben. Nun lebt sie ganz allein." So sprach mich mein Pfarrer an. „Könnten Sie sich ihrer ein wenig annehmen, ihr vielleicht Kontakte ermöglichen? Sie müßte in die Stadt ziehen. In diesem verlassenen Nest kann sie ja auf Dauer nicht existieren."

Als sie ins Zimmer trat, stellte er sie mir vor.

Dem Pfarrer gelang es, ihr ein Zimmer in der Stadt und eine Arbeit im kirchlichen Dienst zu vermitteln. Ich machte meine Freunde zu ihren. Sie erhielt Karten, Briefe, Päckchen und Pakete aus dem Westen. Als ich meinte, ihr voll vertrauen zu können, lud ich sie zu unseren Ost-West-Treffen nach Berlin ein. Dort begegnete sie erstmals jenen jungen Christen, mit denen sie bereits korrespondierte. Wenn sie auch bei den oft recht temperamentvollen Gesprächen meist nur zuhörte, so machte sie sich doch bei der „Abfütterung der Massen" stets sehr nützlich. Die Treffen fanden an Wochenenden in Ostberliner Pfarrhäusern statt. Die Westdeutschen brachten regelmäßig Fachleute mit, die über Themen der Theologie, der Seelsorge, der Psychologie oder Literatur referierten, so daß wir oft erst weit nach Mitternacht die heißen Diskussionen radikal abbrechen mußten. Der Sonntag begann mit der Teilnahme am Gemeindegottesdienst. Wer im Pfarrhaus übernachtete, sorgte schon vor der Messe für das Frühstück der Gruppe. Die Westdeutschen mußten nachts nach Westberlin zurück und früh wieder einreisen. Oft warteten wir stundenlang auf sie. Dann wußten wir, daß sie wieder einmal einer der üblichen schikanösen Leibesvisitationen zum Opfer gefallen waren. Wenn sie dann endlich doch noch kamen, empfanden wir es alle wie eine Erlösung. Dann mußten sie erst einmal berichten, und wir alle ließen unserer Wut freien Lauf. Die neu Hinzugekommenen waren informiert, daß sie niemals das direkte Ziel ihrer Reise irgendeinem Neugierigen verraten durften. Die Westler gaben an der Grenze meist die Berliner Museen als touristisches Interesse an.

Im öden DDR-Alltag leuchteten diese Wochenenden wie sprühende Wunderkerzen, die einen Blick über unsere Gefängnismauern gestatteten. Wie blinde Analphabeten fühlten wir uns, wenn jemand von seinen Reisen in andere Länder berichtete, deren Namen wir noch nicht einmal kannten.

Wir wollten diese Tage der Begegnung und des geistigen Auftankens nicht mehr missen und freuten uns immer schon auf den nächsten Termin. Auch wenn manchmal die Meinungen hart aufeinanderprallten, das Grundgefühl blieb stets unangefochten: Wir sind eine Gemeinschaft von Christen, verbunden durch denselben Glauben in geschwisterlicher Liebe und brauchen zumindest hier aus Angst voreinander kein Blatt vor den Mund zu nehmen. Sprachen wir eine Bitte aus, versuchten die Westler sie wie selbstverständlich zu erfüllen: Sie riefen drüben unsere Verwandten an, schmuggelten am Körper versteckt das eine oder andere Buch durch die Kontrolle, versuchten in Not Geratenen Hilfe zu vermitteln und schenkten uns durch ihr Zuhören die Gewißheit, daß wir zumindest von ihnen noch nicht ganz abgeschrieben waren.

Manchmal kam mir bei den wehmutsvollen Heimfahrten der Gedanke in den Sinn, daß es bei den Urchristen ähnlich gewesen sein muß, wenn die Umwelt staunend ausgerufen hat: „Seht nur, wie sie einander lieben!"

Vor mir liegt ein prall gefüllter Leitz-Ordner mit auszugsweisen Kopien der Gauck-Behörde. Sie alle tragen die Unterschrift „Erika". Ich lese die ausführlichen Berichte über unsere Treffen, die Namen, Berufe und Herkunftsorte der Teilnehmer, ihre Gesprächsbeiträge und Meinungen. Hier finde ich meine Plaudereien mit ihr wieder, kann nachzählen, wann und wie oft ich sie in meinem Trabant nach Berlin mitnahm. Manchmal waren alle Plätze schon vergeben. Da mußte ich vorher absagen. „Macht nichts, da komme ich mit dem Zug." – Sie war immer pünktlich im Pfarrhaus, und, wie ich jetzt feststelle, von der Stasi bis vor die Tür gefahren worden.

„Erika" hatte sich im kirchlichen Dienst fleißig emporgearbeitet, war immer an Stellen, wo sie mit vielen Menschen, möglichst mit Priestern, Kontakt hatte. Schließlich landete sie in der Schaltstelle des Bistums, im Ordinariat, wo sie nach dem Mauerfall die Flucht ergriff.

Ich habe sie inzwischen besucht. Wir sprachen über die guten alten Zeiten und über gemeinsame Freunde. Nach einem zögerlichen Anlauf wagte ich schließlich die Frage: „Wie kam denn das alles zustande?" „Mein Mann, von dem ich mich ja dann habe scheiden lassen, hat mich da hineingezogen", war „Erikas" Antwort, „dem verdanke ich das."

In den Akten steht es etwas anders: Längst ehe sie diesen Mann kennenlernte, war „Erika" schon IM. Die Hochzeitsvorbereitungen sind nachlesbar. Welcher Priester sie in welcher Kirche um wieviel Uhr trauen soll, wer die

Trauzeugen sein werden und welcher Stasi-Wagen sie in welche Gaststätte fahren wird, das plante und regulierte das MfS vorher exakt.

„Die Akten lügen nicht", meinen Sprecher der Gauck-Behörde.

„Wolf"

In einem ökumenischen Gesprächskreis in Dresden lernten wir uns kennen. Während andere über die Ökumene noch kontrovers diskutierten, haben wir beide sie längst praktiziert: Er veranstaltete Schausteller- und Zirkusmission, und ich stand mit meinem Trabi nach der letzten Vorstellung um 22.00 Uhr vor dem Zirkus „Aeros", um die Artisten zur „Gotteshütte" in Dresden-Neustadt zu

Stadtrundfahrt mit den Artisten vom Zirkus Aeros
(der Pfarrer, links, ist nicht ‚Wolf')

transportieren, wo sie bei Kerzenschein mit Musik, Tee, Gebäck, kurzen Ansprachen und Gesprächen bewirtet wur-

den. Am folgenden Vormittag organisierten wir Stadtrund-
fahrten. Otto, der Liliputaner-Clown, dessen Augen gerade über den Lenker seines Motorrollers hinwegblicken
konnten, kutschierte auf dem Sozius die mehr als doppelt
so große, gertenschlanke und bildhübsche Christel, den
Schlangenmenschen. Eine Augenweide das Paar! Die
Dresdner staunten, Kinder und Jugendliche schrien begeistert: „Otto, Otto!", wenn dieser merkwürdige Konvoi aus
Trabis, Motorrädern und -rollern durch die damals noch gar
nicht so belebten Straßen der Stadt zottelte. Zirkusreklame!

rechts: der „Schlangenmensch"

In meiner Wohnung wurde dann manches begonnene
Gespräch fortgesetzt. Otto, dessen Füße in der Luft bau-
melten, nachdem er auf den Stuhl gehüpft war, offenbar-
te sich mir als ein sehr ernster, tief empfindender und in
seinem Beruf gar nicht so glücklicher feiner Mensch. – Ob
er noch leben mag?

„Wolf" – seinen richtigen Namen verschweige ich bewußt – war Hobby-Fotograf mit eigener Dunkelkammer.

Er mußte meine Kinder fotografieren und die von mir gestalteten Geburtsanzeigen fotokopieren. Überhaupt war er für all meine Fotoabzüge zuständig. Wir konnten uns aufeinander verlassen – wortlos.

Aus ersten Begegnungen erwuchs Zusammenarbeit, Partnerschaft, Freundschaft – auch aus dem gemeinsamen Glauben. Daß er evangelischer Pfarrer und ich katholischer Katechet war, hat diese Freundschaft nie gestört, eher noch enger verbunden.

Ich hatte immer Kontakte nach Polen. Er nicht. So wurde eine gemeinsame Ferien- und Studienreise beider Ehepaare organisiert. Mein alter Freund, der Krakauer Priester und Seminarprofessor, mußte die Reiseleitung übernehmen. Niemand, davon bin ich überzeugt, kennt Polen historisch, geographisch und kirchlich so gut wie er. Unvergeßlich bleibt, was er uns alles gezeigt und erklärt hat. Kein Pfarrhaus, kein Kloster, dessen Tore sich uns nicht öffneten und uns mit geradezu beschämender Gastfreundschaft überschüttete. Denn überall im Lande lebten ja seine Freunde, Mitbrüder und ehemaligen Studenten.

Meist schliefen wir Männer zusammen in einem, die Frauen im anderen Gästezimmer. Die drängenden Gespräche über all das so beeindruckend Erlebte verkürzten meist die Zeit der Nachtruhe beträchtlich.

‚Was ist denn das?‘ fragte ich im Vorbeifahren den neben mir sitzenden Reiseführer. „Ein Orionistenkloster.“

„Nach Don Orione?“

„Ja, kennen Sie den?“

„Und ob, er war ein Schüler Don Boscos.“

Ich bremste, wir kehrten um. „Wolf“ folgte. Es interessierte mich brennend.

Mit Hilfe unseres Führers und Dolmetschers konnten wir uns ja fast jeden Wunsch erfüllen.

Ein Pater führte uns in einen großen Saal, in dem Kinder an Tischen in kleinen Gruppen saßen, schrieben und malten. Die Wände waren mit riesigen Anschauungsbildern behängt.

„Hier werden taubstumme Kinder in den Schulferien auf Erstbeichte und Erstkommunion vorbereitet."

Unser Professor stellte uns dem unterrichtenden Pater vor. Dieser übersetzte es den Kindern. Alle legten ihre Stifte weg und richteten ihre Blicke auf uns. Ausländer hier zu Besuch! Welch ein Ereignis für sie! Da tritt „Wolf" vor, spricht die Kinder in der Gebärdensprache an und erzählt ihnen, wer wir sind und woher wir kommen. Eine Revolution bricht aus: Die Kinder springen auf, einige klettern auf die Stühle, andere auf die Tische, gestikulieren, schreien, rufen. Ehe wir so richtig verstanden haben, was hier passiert ist, müssen wir von Tisch zu Tisch gehen und den Kindern die Hände schütteln. Vielleicht haben sie zum ersten Male in ihrem Leben Ausländer gesehen, und nun verstehen sie sogar ihre Sprache! Gebärdensprache ist international! – Und „Wolf" war ja auch Gehörlosenseelsorger.

Ich weiß es heute nicht mehr, wer es angeregt hat, war es der Pater, war es „Wolf"? Ehe wir uns winkend verabschiedeten, beteten wir gemeinsam das Vaterunser, in Deutsch, in Polnisch und in der alle verbindenden Gebärdensprache.

An diesem Abend kamen wir hier nicht mehr weg. Wir mußten uns verwöhnen lassen und im Kloster übernachten. Freilich nach langen Gesprächen mit den interessierten Gastgebern.

In Inowrocław wurden wir im Pfarrhaus geradezu fürstlich empfangen, bewirtet und versorgt. Der Prälat hatte das KZ Dachau überlebt. Er war mit seinen drei Geschwistern nach Deutschland deportiert worden. Weil er sich jetzt aber weigerte, die aufgezwungene Miete für jeden Quadratmeter seiner Wohnung – im Pfarrhaus, das der katholischen Kirche gehörte! – an die Kommunisten zu zahlen, räumte man ihm sämtliche Möbelstücke aus. Wir saßen auf leeren Kisten, als wir mit ihm sprachen und übernachteten in den Räumen seiner Schwester.

„Wolf" zeigte sich mit seiner Frau ebenso tief beeindruckt wie wir, ja er brachte zum Ausdruck, daß er sich als Deutscher vor diesen Polen schäme, die ohne Haß, ja sogar mit Humor diese entwürdigende Situation meisterten.

Nie hätte ein normaler Tourist jemals erleben können, was uns auf dieser Reise geboten wurde: Ein erst von Hitler, dann von Moskau geknechtetes und ausgebeutetes Volk, eine mit Füßen getretene Kirche. Und siehe, sie lebt in ihm, mit ihm und durch dieses Volk. Wo auf dem ganzen Erdball könnte man etwas Vergleichbares finden!

Bei unseren regelmäßigen Berlin-Treffen gehörte „Wolf" gewissermaßen zum „harten Kern", er und seine Söhne. Ich glaube nicht, daß er oft gefehlt hat. Nur dann, wenn er für seine Sonntagsgottesdienste keine Vertretung bekam, reiste er am Samstagabend bereits zurück.

Auf amtlichem Wege habe ich nun Gelegenheit, die in zwei Leitz-Ordnern zusammengefaßten Auszüge aus Stasi-Unterlagen als Kopien zu sehen, die alle den Namen oder die Unterschrift „Wolf" tragen.

Ich lese:

„GM Wolf: Am 6. 4. 64 durch Genossen Leutnant Großmann auf der Grundlage der Überzeugung angeworben!"
(IM = Informeller Mitarbeiter
GM = Gesellschaftlicher Mitarbeiter
IMB = Informeller Mitarbeiter mit Feindberührung)
„Laienchrist E. Heretsch war bis 56 Lehrer im Krs. Freiberg,
jetzt als Religionslehrer und Katechet in Schirgiswalde tätig,

z. Zt. in Polen, erzreaktionär eingestellt. War in den Prozeß
um Sup. Kohl/Freiberg verwickelt."
(Daß Jahreszahlen, Orte und Personen verwechselt werden, stört nicht weiter; d. Verf.)

„*9. 10. 64*
Außerdem ergänzte er („Wolf", d. V.) mündlich: Einer der
anwesenden Laientheologen (kath.) hat mit ihm einen kath.
Prof. Dr. in Berlin-Treptow aufgesucht. Dieser Prof. ist Spe-
zialist für Gasentladungen. Er besitzt das Vertrauen der Regie-
rung der DDR und war vor kurzem zu einer Tagung in Karls-
ruhe. Es war zu dieser Tagung (gemeint: Berlin-Treff, d. V.)
nur die Frau anwesend. Sie schimpfte mit H. gemeinsam auf
die Mauer. H. hat dort von seiner letzten Besuchsreise nach
Volkspolen gesprochen. Kardinal Wischynsky (Schreibwei-
se immer nach Stasi-Protokoll, d. V.) *hat eine Reihe von*
Reisesekretären in Marsch gesetzt, die nur die Aufgabe haben,
die kath. Pfarrer gegen den Sozialismus auf Vordermann zu
bringen."

„*10. 10. 64*
Ich habe am Sonntag, d. 3. 10. 64 (in Berlin, d. V.) *beobach-*
ten können, wie die Ärztin aus München dem H. ein Paket
übergab mit der Aufforderung, dieses Paket von einem Post-
amt der DDR nach (geschwärzt, d. V.) *zu schicken. In mei-*
ner Gegenwart fand die Beschriftung statt. Die Anschrift
lautet: (geschwärzt, d. V.)"

Zwischen „Wolf" und mir gab es, so meine ich heute, nie
Meinungsverschiedenheiten. Meist erweckte er bei mir den
Eindruck, mehr katholisch als evangelisch zu sein. Nie
wäre er bei einem gemeinsamen Meßbesuch ferngeblie-
ben. Ich glaube, daß viele Berlin-Teilnehmer gar nicht wahr-
genommen haben, daß er evangelischer Pfarrer ist. Der

ganze Ost-West-Kreis duzte sich. Erst jetzt fällt mir auf, daß wir wohl die einzigen waren, die beim Sie stehengeblieben waren, obwohl wir uns am längsten und vielleicht besten kannten. Warum nur?

„Wissen Sie, ich trage mich schon lange mit dem Gedanken, ob ich nicht konvertieren sollte. Sie können es ja am besten beurteilen, wie katholisch ich eigentlich schon bin", sagte er zu mir.

> „24. 2. 65
> Mit dem Genossen Hptm. Wend beraten, ob die Umsetzung des GM Wolf zur kath. Kirche weiter anzustreben ist: Über die beabsichtigte Aussprache mit (geschwärzt, d. V.) wird erst beim nächsten Treff entschieden."

Glaube und Bekenntnis sind demnach Stasi-Angelegenheiten, Konversionen heißen „Umsetzungen".

> „24. 2. 65
> Einen ausführlichen Bericht sprach der GM über die ‚Berliner Begegnung' vom 20. / 21. 2. 65 auf Tonband. Hierzu ist einzuschätzen, daß es keine Widersprüche zu dem Bericht des GM ‚Erika' gibt."

„Wolf" bespitzelte „Erika", „Erika" bespitzelte „Wolf". Sie erfuhren erst jetzt durch mich, daß sie für dieselbe Firma arbeiteten.

> „Der GM berichtete, daß er bei der Wehrerfassung auftragsgemäß schriftlich seine Wehrdienstverweigerung erklärt habe. Aufträge: Bei (geschwärzt, d. V.) in Schirgiswalde anmelden, um ihm einen Besuch abzustatten, Teilnahme an der nächsten Berliner Begegnung am 10./11. 4. 65."

„10. 8.66

*Der Jesuitenpater Gordian, der als Wanderprediger auftritt,
heißt mit seinem richtigen Namen Fritz Landpfleger. Gordian ist sein Künstlername. Er ist durch diesen Trick schon Kon-
trollen entgangen."*

Schreibt „Wolf" für oder gegen Gordian, indem er alle
Namen und Bezeichnungen verdreht? Was soll dann aber
der Satz mit dem Trick?

„20. 12. 66

*H. erzählte folgenden politischen Witz: Was ist absolut und
unendlich? – Antwort: Die Anfangsschwierigkeiten des
Sozialismus! – Dieser Witz soll in Polen erzählt werden. Er
nannte auch andere Sprichwörter, die politisch verstanden
werden: ,Der Mensch ist nie allein. Einer paßt immer auf
ihn auf! – Vor Zwergen (kleine Funktionäre) muß man sich
tief verneigen! – Es ist schwer, ein Tier zu streicheln, wenn es
menschliche Züge trägt!'"*

Ein Stasi-Spitzel sammelt Witze gegen die Stasi und verkauft
sie ihr. Ob er denn überhaupt noch weiß, wer er selbst ist?

„8. 2. 67

*Der Franziskanerpater Gereon Goldmann ist Pfarrer in St.
Elisabeth in Tokyo. Er kommt am 21. 5. 67 mit einer Gruppe
von 30 Japanern in die DDR und wird in Berlin, St. Augustinus stationiert. Ich bin auch eingeladen und habe von H.
den Auftrag, soviel wie möglich zu fotografieren. Mir fehlt dazu lediglich noch ein Blitzgerät, um dessen Beschaffung ich
noch bitte."*

Ich hatte „Wolf" eine Rückfahrt von Berlin nach Dresden
mit dem Franziskanerpater Dionys vermittelt. Sie fuhren

zu zweit im Wagen des Paters. Im Stasi-Bericht finde ich u. a. folgende Sätze:

> „1. 6. 67
> *Gespräch mit Pater* (geschwärzt, d. V.) *im Auto. Einschätzung von H. durch P.* (geschwärzt, d. V.), *ist ein Mann, der voller Ideen steckt. Es ist nur schade, daß es immer das Ungewöhnlichste ist. Seine Meinungen, auch schriftlichen Ergüsse, seien zu emotional. Er müßte lernen, auch politisch vorsichtiger zu handeln und zu formulieren. Er habe ihn zu dem pädagogischen Studium vorgeschlagen, damit sich noch manches abkläre und reifer werde. Dieses Studium soll parallel zu einer westlichen pädagogischen Hochschulausbildung laufen und mit westlichen Dozenten und einer Anerkennung und Zeugnis, das im Westen allgemein gilt."*

Wer konnte „Wolf" zu diesem Bericht zwingen? Außer den beiden wußte nur ich von dieser Fahrt. Es wurden sehr persönliche, ja fast intime Dinge besprochen, die ich hier nicht zitiert habe. Mußte er das dieser Gangsterbande zum Fraß anbieten?

Das Studium hat dann tatsächlich unter größter Geheimhaltung drei Jahre in der Wohnung von Kardinal Bengsch stattgefunden. Wir durften weder Post noch Telefon in Anspruch nehmen. Die Professoren kamen als Touristen mit einem Tagesvisum, aber ohne jede Tasche über die Grenze. Vorlesungsunterlagen und Literatur schleuste der Kardinal persönlich ein, weil er als Bischof von Ost- und Westberlin unkontrolliert hin- und herreisen konnte.

Am Tage vor unserer mündlichen Diplomprüfung drohte ihm der Staatssekretär für Kirchenfragen: „Na, Herr Kardinal, ist das Studium in Ihrer Wohnung nun beendet? – Es war das erste und das letzte Mal!" Nun weiß ich auch warum.

„10. 11. 67

... In den späten Abendstunden erhielten wir unser Quartier im Anschluß an die Schwesternwohnungen im obersten Stockwerk des Pfarrhauses St. Augustinus. Es wurde mir ein Neubau im Turm der Kirche gezeigt. Im Turm wurden sehr getarnt drei Schlafräume eingebaut ...

„... Es wurden nur noch Pakete geschickt, die einen finanziellen Ausgleich bei den Begegnungen in Berlin darstellen. Hier fälscht man oft die Absender. Die Frau von (geschwärzt, d. V.), die aus Meißen stammt, ist z. B. eine geborene (geschwärzt, d. V.). Man verwendet das einfach als Absender, statt ihren Ehemann ...

H. hat für seine kirchliche Tätigkeit jetzt wieder Bildmaterial aus dem Westen bezogen. In nächster Zeit soll ein Tonfilm aus Japan von Pater Goldmann, der schon in Westberlin ist, eingeschleust werden. Man weiß nur noch nicht, wie man das anstellen soll."

„15. 5. 68

GM beabsichtigt, seinen Urlaub in unmittelbarer Nähe von Schirgiswalde zu verbringen, da er in dieser Zeit einen noch engeren Kontakt mit H. herstellen könnte. Auch sonst wäre es möglich, einige wichtige operative Aufgaben zu lösen. Er bittet um Unterstützung bei der Beschaffung einer Unterkunft für zwei Personen. Die Kinder will er bei den Schwiegereltern in Bischofswerda unterbringen."

„28. 6. 68

GM werden 300,- M Urlaubshilfen angeboten, die er dankend annimmt ...

Mit GM werden dann noch Aufgaben durchgesprochen, die er während seines Aufenthaltes in Sohland und bei seinem Zusammensein mit H. lösen will. Es sei dies:

Einschätzung des Kaplans; prüfen, weshalb so schlechtes Er-
gebnis bei der Volksabstimmung in Schirgiswalde. Welchen
Anteil hat daran die Kirche? Die Arbeit der Ministranten unter
der Jugend; warum Feier zum Fronleichnam am Sonntag? ...

Um den geneigten Leser nicht noch länger in unzumutbarer Weise zu strapazieren, möchte ich hier das Zitieren aus den „satanischen Schriften" des MfS beenden.

Ob es anderen beim Lesen auch so ergeht? Eine chaotische Flut widersprüchlicher Gefühle überschwemmte mich. Der Boden war mir unter den Füßen weggezogen, und ich fiel in ein tiefes dunkles Loch. Fragen über Fragen schossen durch den Kopf. Wird es darauf je eine Antwort geben?

War er mein Freund oder mein Feind? – Kann man seinen Freund jahre-, nein jahrzehntelang verraten und verkaufen? – Kann jemand ehrliche Gastfreundschaft mit Denunziation vergelten (z. B. im Pfarrhaus St. Augustinus in Berlin)? Ist es denkbar, daß ein Christ auf der Kanzel das Wort Gottes verkündet und zugleich mit den Feinden Christi und seiner Kirche paktiert? – Ich kann bezeugen, daß ich „Wolf" als einen eifrigen Seelsorger erlebt habe, der sich selbstlos für seine Mitmenschen eingesetzt hat. Jetzt lese ich, daß er sich mit dem gleichen Eifer für das Verbrechen und gegen die Menschen engagiert. Wer ist er, Pfarrer oder Verräter? Kann man denn beides sein, beides in einer Person, beides zu gleicher Zeit? – Nein, er ist nicht schizophren! Ich glaube das beurteilen zu können. – Und was sagt seine zarte und feinfühlige Frau dazu, die Mutter seiner vier Kinder?

Ich hatte inzwischen erfahren, daß die Evangelische Kirche ihn nach einem internen Prozeß aus dem Dienst entfernt hat und er nun weit weg in einem winzigen Dorf lebt, das auf den meisten Karten gar nicht zu finden ist.

In meiner Rat- und Hilflosigkeit schrieb ich ihm einen Brief. Es war mir nicht möglich, darin meine Erschütterung zu verbergen. Ob jemals eine Antwort kommen würde? Ich zweifelte. Aber sie kam! Ich gebe sie, nur ein wenig gekürzt, wörtlich wieder:

16. 11. 95

„Sehr geehrter Herr Heretsch!

Danke für Ihren ehrlichen, aber harten Brief. Hiermit möchte ich mich für meinen Vertrauensmißbrauch entschuldigen.
Lieber Herr Heretsch, obwohl ich es erwogen habe, nach Schirgiswalde zu kommen, habe ich es aus Feigheit nicht getan. Außerdem wollte ich nicht angeben. Da ich Sie sehr gern habe, nutzte ich meine gemeine Position zu Ihren Gunsten aus. 1) Bei Ihrer ersten Reise in die BRD zu Ihrer Mutter habe ich schriftlich für Ihre Rückkehr mit einem Dossier gebürgt. 2) Habe ich mich dafür eingesetzt, daß Ihre Bücher und andere Paketsendungen Sie wirklich erreichten. (Die meisten Westpakete an mich haben die roten Brüder in Übereinstimmung mit ihrer sozialistischen Moral gestohlen. Bücher kamen niemals an! d. Verf.)
Sollte ich aber irgendwelche negativen Bemerkungen gemacht haben, bitte ich Sie, mir zu vergeben.
Sie fragen nach der Art und Weise, wie ich zum Spitzel geworden bin? In meiner Tätigkeit als Stadtmissionar habe ich als erster Zirkus- und Schaustellermission in der DDR aufgebaut. Neubaugebiete, z. B. in Dresden – Südvorstadt, Wohnung für Wohnung besucht. Die Menschen vom Striezelmarkt in die Kreuzkirche gelockt. Für solche und andere dem Staat unangenehme Aktivitäten habe ich von 1957 – 1963 26 polizeiliche Gespräche zum Teil mit Geldstrafen über mich ergehen lassen. Mein Strafkatalog für illegale Medikamen-

tenbeschaffung, Jazzvorträge, verbotene Bücher, z. B. Orwell, Ortega, Gasset, zu haben und großzügig zu leihen, führten schließlich zu einem Stasiverhör am 17. 3. 1963 und zu meiner Verhaftung am 28. 4. 1963. Ich saß in der Bautzener Straße in einer Zelle ein. Das heißt, ich stand im Keller in einer 15 cm tiefen Wasserlache. Die Zelle war im Grundriß sehr klein. 1 m mal 1 m, aber fast 4 m hoch. Wenn ich einschlief und ins Wasser fiel, wurde ich herausgeholt und erhielt neue schmutzige trockene Kleidung – und das nächste Verhör. War ich in der Zelle, so lief ständig oben an der Decke eine Rundumleuchte aus – an, aus – an. In etwa 2,50 m Höhe eine Beobachtungskamera und ein Lautsprecher, der mir in einem Tonband ständig meine Schuld und meine angekündigte Strafe wörtlich „Gelbes Elend Bautzen" und die sozialistische Zwangsadoption meiner drei Kinder „in positiven Familien" nannte. Bei den Verhören bestand meine Nahrung aus starkem Kaffee und Zigaretten, in der Zelle nichts. Da ich vorher schon völlig mit den Nerven fertig war, gab ich am 9. Tage auf und erklärte meine Mitarbeit als IM.

Mein labiler Nervenzustand war darauf zurückzuführen, daß ich wegen der Krankheit meiner Frau die Kinder in einem kirchlichen Heim in Rathen (‚Haus Felsengrund') hatte und nach Bezahlung der Kosten und meiner Miete mir nur 8,50 M im Monat zum Leben übrigblieben. Deshalb habe ich jede zweite Nacht im Fotolabor durchgemacht. Bei meiner Bereitschaft, IM zu sein, habe ich erklärt, ich wolle keine anderen Menschen bespitzeln. Ich habe versucht, das auch durchzuhalten. Bei meinem kirchlichen Prozeß wurde mir aus meiner Akte nur Material vorgelegt, über dem ‚nach Tonbandaufzeichnung' stand und keine Unterschrift da war. Zwischen meinen eigenen Worten fanden sich verschärfende Sätze aus der Feder meines Führungsoffiziers.

Jedesmal, wenn ich mit oder ohne Wissen der Stasi das Land in Richtung Ost oder West verließ (etwa 1 mal im Jahr), wurde ein Reiseauftrag erstellt. Kam ich allein zurück, erfolgte ein Verhör an der Grenze, waren andere bei mir, beim nächsten Treff (etwa alle 6 Wochen). Bis 1982 unterstand ich mit dem Decknamen ‚Wolf‘ der Dresdner Dienststelle, ab dann in B. mit dem Decknamen ‚Falk Kunz‘.

Da ich 1963 nervlich so fertig war, ließ man mich zunächst bis Anfang 1964 in Ruhe … Bei den Treffs in Berlin ab 1964 versuchte ich, Belangloses und einen Teil der Namen der Anwesenden zu berichten, allerdings nur dann, wenn der Dienststelle meine Teilnahme bekannt war. Ich kann mich leider nur sehr vage ausdrücken, da es lange her ist, ich auch nur leben konnte, wenn ich diese verhaßte Tätigkeit schnell verdrängte.

Nach meiner Bloßlegung habe ich als Täter kein Recht auf Akteneinsicht bekommen. Obwohl ich selber auch weiter bespitzelt wurde und z. B. in der Schweiz meine Worte schon vor meiner Rückkehr in Berlin und Dresden da waren. Daß mein Besuch bei Familie B. in Köln nach der Wende eine Geschmacklosigkeit war, sehe ich ein und bitte um Entschuldigung. Meine Frau hatte den Wunsch dazu. Da sie selbst erst im Februar 1993 davon erfuhr und nun ganz schlimm darunter leidet, habe ich es getan. Sie leidet sehr unter unserer Verbannung in diesem winzigen Dorf weit weg von unseren Kindern.

Was die „dreißig Silberlinge" betrifft (etwa 1000 M pro Jahr), so habe ich sie bis auf zwei Jahre (1982/83) in die Stadtmissionskasse gesteckt, was die Sache auch nicht besser macht. In diesen zwei Jahren mußte ich meinen Genex-Wartburg in Ost abbezahlen. Ich hätte ihn nicht angenommen, wenn ich gewußt hätte, daß ich ihn abzahlen muß. Ich erfuhr es erst 4 Monate nach dem Erhalt.

Ich versichere Ihnen, daß dies die Wahrheit über meine Vergangenheit ist. Ich habe die Kommunisten leidenschaftlich ge-

haßt, weil ich ihr Sklave sein mußte. Heute büße ich schwer für meine Schuld.

Mir herzlichen Grüßen
Ihr (Unterschrift)

Ich bitte alle Fehler zu entschuldigen, bin furchtbar fertig."

Weil bekanntlich das gebrannte Kind das Feuer scheut, legte ich diesen Brief dem Priester unseres Bistums vor, der allgemein als sachkundigster Fachmann für den Bereich der Stasi-Akten gilt.

„Entsprechen die Aussagen der Wahrheit?"

„Leider ja."

Aus den widersprüchlichen Erfahrungen der Vergangenheit fiel es mir schwer, das alles zu glauben. „Aber kann denn jemand ganz Apostel und zugleich ganz Verräter sein?"

„Er muß es, wenn er überleben will."

Mein bissiger Humor verließ mich bei dem Gedanken, wie ich wohl in einer Zelle von ein Meter Länge und ein Meter Breite nach neuntägiger Folter reagiert hätte. Ich weiß es nicht, denn ich habe es noch nicht erlebt.

So schrieb ich „Wolf" einen zweiten Brief, in dem ich ihm meine Vergebung zusicherte. Eine Antwort kam nicht.

Inzwischen erwarte ich schon eine Reaktion auf meinen fünften Brief. Sie kommt nicht. Ich mache mir Sorgen um „Wolf".

„Wie oft muß ich meinem Bruder vergeben? ..."

Bezirksverwaltung Dresden
- Abtlg. XX/4 -

Dresden, den 8. Febr. 1967

Treff mit GM W o l f
am 7. Februar 1967, 13.30 Uhr
Dresden Hansa-Hotel u. PKW.

Verlauf:
W. befand sich auf der Durchreise. Er hatte seine Familie
nach Bischofswerda gebracht, wo die Schwiegereltern wohnen.
Seine Frau und die Kinder verbringen dort die Ferien.

Mündlicher Bericht:
Am Sonntag habe ich Heretsch in Schirgiswalde besucht.
Er hat mir gegenüber geäussert, dass die gegenwärtig in
Schirgiswalde im Bau befindliche "Totenhalle" eine Kirche
wird. Die Kirche in Schirgiswalde würde für 5 Gottesdienste
nicht mehr ausreichen und ausserdem sei der Weg für die
Einwohner aus Neu-Schirgiswalde zu weit. Man will dann in
der neuen Kirche jeden Sonntag zwei Messen halten.

Als ich Heretsch sagte, dass ich voraussichtlich im Herbst
zum Gehörlosenkongress nach Polen fahren werde, war er sehr
interessiert. Er sagte, ich solle da unbedingt etwas mitnehmen.
Was weiss ich nicht. Weiter informierte er mich, dass ich da
ein Kloster anlaufen muss, welches etwa 20 km in östlicher
Richtung von Warschau liegt. Den Namen habe ich vergessen,
werde ihn aber beim nächsten Zusammentreffen nochmals er-
fragen. In diesem Kloster solle ich mich beim Pater J b o
melden und einen schönen Gruss von Heretsch ausrichten, dann
würde mir das Kloster offenstehen. Das Kloster soll eine
Zentrale von der "aktiven Bewegung" sein. Es handelt sich
dabei um eine Art Widerstandsgruppe. In dem Kloster sind
junge Priester, die sich zu einem Orden zusammengeschlossen
haben. Sie versuchen in negativer Richtung auf ideologischem
Gebiet zu arbeiten. Der führende Kopf der Rebellen sei der
Erzbischof Komenik.

Heretsch selbst führt seit September an einem kath. Institut
in Berlin ein Studium zur Qualifizierung durch. Es soll drei
Jahre laufen. Welchen Titel er dann tragen wird, weiss er
selbst noch nicht. Es handelt sich um eine Sache, die alle
Diözösen gemeinsam durchführen. Wahrscheinlich will man durch
dieses Studium eine Gruppe von jungen Leuten heranziehen, die
sich dann für besondere Einsätze eignen. Es werden dort auch
solche Fächer wie Psychologie, Pädagogik usw. gelehrt.
Die Regelung ist bei Heretsch so getroffen, dass er Montag,
Dienstag und Mittwoch etwa 300 Kinder in kirchlichen Räumen
in Schirgiswalde unterrichtet, also seine jetzigen Tätigkeit
weiterführt. Donnerstag, Freitag und Sonnabend führt er dann
sein Studium durch. Dies macht er eine Woche zu Hause und
eine Woche in Berlin.
Heretsch hat, nachdem er aus dem Schuldienst entlassen worden
ist, noch keinerlei Ausbildung auf kirchlichem Gebiet erhalten
Wahrscheinlich will man das mit dem Studium auch noch nachhole

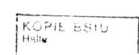

16. 000171   13o

Besuch am 28.6.1968 in Schirgiswalde:
Mir gelang es mit einiger Unverschämtheit, in das Kathol. Pfarramt und
zum Pfarrer selbst zu kommen. Erst war er sehr verschlossen, weil er
sehr in Eile war und gegen die Proxtestanten einige Resitemants hatte.
Seine Eile bezog sich auf dem Weiterbau der neuen Kirche auf dem Fuchs-
berg. Als ich mich bereiterklärte an dem für mich nutzlosen Nachmittag
an dem Arbeitseinsatz teilzunehmen, war er sehr erfreut.
An dem Arbeitseinsatz nahmen schließlich 16 Männer zum Teil Jugendliche
über 17-18 Jahren teil. Der Pfarrer berichtete mir dazu, während wir beide
den Lastenfahrstuhl zum neuen 15 meter hohen Glockenturm bedienten, von
den enormen Schwierigkeiten, die der Staat zu bereiten versuchte, und wie
er das Staat immer wieder übertölpelt hätte.
Auf die Bedenken gegen die Größe habe er von den großen 25o Personen
umfassende Bestaxtungen hingewiesen. Er sagte: aber selbst wenn so viele
kommen brauchen sie ja nicht alle in die Halle!" Der Glockenturm sei auf
Widerstand gestoßen: "Ich habe ihnen erklärt, wenn der Glockenturm mit
nur einer Glockex nicht genehmigt wird, kann ich nicht beerdigen!" er
fügte für mich hinzu: "Natürlich hört man die Glocken von der Hauptkirche
im Tal sehr gut, der Läuter kann xix auch den neuen Friedhof sehen und zum
richtigen Zeitpunkt läuten, aber eine Kirche muß auch Glocken haben, wir
werden die Glocke so abstimmen lassen, von der Firma ▓▓▓▓▓▓▓/Apolda
as sie mit den andern in Tal gut zusammenklingt."
Die neuex Glocke wird elektrisch geläutet, die Zuleitung ist mit einbetoni
In die Kirche kommt eine Orgel/ vom Eingang rechts in einer Nische der
Beichtstuhl - links eine Sakristei. Unterirdisch so▓▓▓te Sargkammern
angebracht sein, der Sarg kann dann mit elektri▓▓▓▓▓▓ hochbefördert
werden. "Auf diese Weise habe ich er▓▓▓t, daß ▓ Kirche normalerweise
nicht den Charakter einer Leiche▓▓▓▓▓▓▓gt!"
Arbeiter erzählten mir: ▓▓▓ ▓▓▓ so▓e von einer Familie geschenkt werder
Kürzlich sex einereiche ▓▓▓▓▓▓▓ gestorben, die Erbenwohnen in der Bundesrepublik und weil sie das ▓eld nicht haben können, wollen sie die Glocke
stiften. In Augenblick hänge der Bau sehr weil die Schieferbeschaffung von
enormer Schwierigxeit sei. Wenn keine Schiefer kommen, kann nicht weiter-
gebaut ja verderbe bisher geschaffenes, da die Pappe undicht sei.
Ich hatte auch Gelegenheit die beiden Kapläne kurz kennen zu lernen. Sie
machte seltsamer weise alle beide einen unfertigen Eindruck, sie sahen scho
aus wie Oberschüler, wirkten unsicher und sagten höchstens unwesentliches.
Ich werde sie aber noch näher kennen zu lernen versuchen.

Über den Vortrag von ▓▓▓▓▓▓ am Abend und die anschließende Gesprächs
runde bis etwa 1.oo Uhr habe ich sofort an die Berliner Genossen am 29.6.68
ausführlich auf Band berichtet, weil die Ausreis von ▓▓▓▓▓ zwischen dem
▓. und 9.Juli 68 über Hof erfolgen sollte.

Der Vortrag war sehr gut besucht, in der Kirche waren fast alle Sitzplätze
besetzt. Die Rällekte betrug über 2ooo.- Mark. obwohl die Akustik miserabel
war, und ein großer Teil nur mit größter Mühe oder nicht viel verstanden ha
Es war eine schlecht funktionierende Lautsprecheranlage. Der Vortrag über di
medizinische Arbeit in Indien, soll einem ersten 1965 sehr entsprochen haber
Seine Schilderungen über Indien, waren rein pessimistisch auf das Elend, der
Menschen abgestimmt, um somit in Leichtigkeit über die Tränendrüsen zum
Portmone zu gelangen.
Das anschließende Gespräch war umgekehrt eifrig bemüht, vor allen von Seiter
Heretzsch dem Pessimismus von der Lage der Christen in der D.D.R. zu beleuc
ten. Es ging fast die ganze Zeit um die brutale Zerstörung' der Universitäts
kirche. Besonders dicke war ▓▓▓▓▓▓/Leipzig Gohlis Studentx der Architek-
tur in Leipzig. Er sprach von 3oo-4oo xxxxxxt Verhaftungen. Folterungen die
er unwahrscheinlich ausschmückte und plastisch darstellte. Er erzählte eber
so von dem Zwischenfalle bei der Bachfeier mit dem Plakxt mit der Forderung
des Wiederaufbaues der Unikirche. (ausführlicher bei den Berliner Genossen)
Inzwischen erfuhr ich am 1.7. das der Konsultor beim Sekreteriat für die Ein
heit der Christen ▓▓▓▓▓▓▓ ebenfalls von 3oo Verhafteten im Zusammenhang
mit der Unikirche sprach ebenso von Folterungen, die weiter berichtet werden
sollten zur Abschreckung. ▓▓▓▓▓ soll diese Bemerkungen auf einer Tagung de
Evangelischen Bundes in Halle getan haben.

215